ESSENTIAL ELEMENTS
para banda

MÉTODO DE BANDA COMPRENSIVO

TIM LAUTZENHEISER • JOHN HIGGINS • CHARLES MENGHINI
PAUL LAVENDER • TOM C. RHODES • DON BIERSCHENK
Traducido al español por Sara Denlinger

Banda es...

M anifestando arte musical con una familia de amistades
U tilizando nuestra dedicación para crear éxito
S uperarse a través de las alegría en trabajar unidos
I ndividuos expresándose en un idioma universal
C reatividad - expresándote en un idioma universal
A ctualizando la unión de varias personas y culturas

Banda es...**MÚSICA!**

¡A Tocar la música!
Tim Lautzenheiser

HISTORIA DE LA FLAUTA

Flautas existieron in civilizaciones antiguas. Atravéz de los años, fueron construidas de madera o metal. Las primeras flautas, por ejemplo el flautín, se tocan apuntando hacia delante. El otro tipo de flauta, llamada flauta transversal hasta mediado de los 1800's, se toca de lado.

En el año 1847, Theobald Boehm diseñó la flauta moderna. Esta flauta tiene la capacidad de tocar con más volumen en comparación con las otras flautas. El teclado también permite el instrumento tocar una escala cromática completa, y también con mejor entonación.

La familia de flautas incluye las flautas en clave de Do (más común), Piccolo en clave de Do, y la flauta Contralto y flauta baja. Como el instrumento con el tono más alto en bandas sinfónicas, bandas militares y orquestas, las flautas tocan melodías, harmonías y solos, y son miembros importantes de la familia de vientos de madera.

J.S. Bach, Claude Debussy y Ralph Vaughan Williams son compositores importantes quienes han escrito música para la flauta. Algunos artistas famosos incluyen Louis Moyse, James Galway, Claire Chase, Jasmine Choi, y Bobbi Humphrey.

Para crear una cuenta, visite:
www.essentialelementsinteractive.com

Codigo de activacion de estudiante
E1FL-ES66-5144-6381

ISBN 979-835015924-0

LO BÁSICO

Postura

- Siéntate en el borde de tu silla y mantén siempre tu:
- Columna vertebral recta y alta
- Hombros hacia atrás y relajados
- Pies apoyados en el suelo

Respiración y corriente de aire

Respirar es algo natural que todos hacemos constantemente. Para descubrir la corriente de aire correcta para tocar su instrumento:

- Coloca la palma de tu mano cerca de tu boca.
- Inhala profundamente por las comisuras de la boca, manteniendo los hombros firmes. Tu cintura debe expandirse como un globo.
- Susurra lentamente "tu" mientras exhalas gradualmente aire en la palma de tu mano.

El aire que sientes es la corriente de aire. Produce sonido a través del instrumento. La lengua es como un grifo o una válvula que libera la corriente de aire.

Produciendo el tono esencial

La embocadura es la posición de la boca en la boquilla del instrumento. Una buena embocadura requiere tiempo y esfuerzo, así que sigue cuidadosamente estos pasos para tener éxito:

- Mantén el extremo cerrado de la junta de la cabeza con la mano izquierda. Cubre el extremo abierto con la palma de la mano derecha.
- Apoya la placa de embocadura en el labio inferior. Centra el orificio de la embocadura en el centro de los labios. Compruébalo tocando el orificio de la embocadura con la punta de la lengua.
- Gira suavemente la articulación de la cabeza hacia adelante de modo que aproximadamente 1/4 del orificio de la embocadura quede cubierto por el labio inferior.
- Mantén los dientes superiores e inferiores ligeramente separados.
- Lleva las comisuras de la boca hacia atrás y relaja el labio inferior.
- Haz una pequeña abertura en el centro de tus labios. Sopla aire en parte hacia adentro y en parte a través del orificio de la embocadura.
- Practica regularmente frente a un espejo. Enrolla la junta de la cabeza hacia adentro o hacia afuera para encontrar la posición de embocadura que produce el mejor tono claro y completo.

Cuidando tu instrumento

Antes de volver a colocar el instrumento en el estuche después de haz, haga lo siguiente:

Retira con cuidado la junta de la cabeza y sacuda el agua.

- Coloca un paño suave y limpio en el extremo de la varilla de limpieza y limpie la junta de la cabeza.
- Separa las juntas del medio y del pie y pasa la varilla de limpieza a través de cada junta.
- Limpia cuidadosamente el exterior de cada sección para mantener el acabado limpio.

Entrenamiento con boquilla

Forma la embocadura alrededor de la boquilla y respira profundamente sin levantar los hombros. Susurra "tu" y exhala gradualmente toda tu corriente de aire. Esfuérzate por tener un tono uniforme.

Consulta el interior de la portada para obtener información sobre cómo acceder a los videos instructivos.

Reuniéndolo todo 

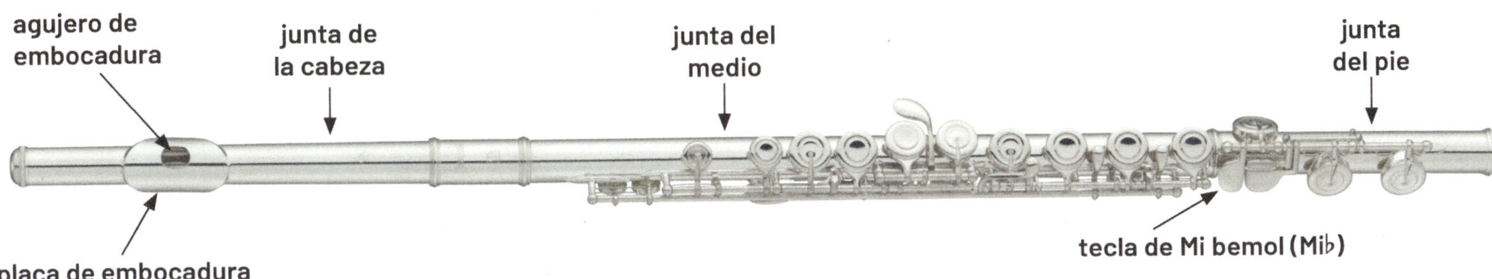

Paso 1 Sujeta la junta de cabeza en tu mano izquierda y la junta del medio en tu mano derecha. Suavemente gira e insertar la junta de cabeza dentro la junta del medio. Asegura que el agujero de embocadura esta directamente en linea con las teclas del junto del medio.

Paso 2 Sujeta las juntas conectadas en tu ano izquierda y la junta del pie en su mano derecha. Suavemente gira e insertar las juntas conectadas dentro la junta del pie. El agujero de embocadura y las teclas del junto del medio deben ser directamente alineadas con la junta del pie.

Paso 3 Descansa tu pulgar izquierdo sobre la tecla larga debajo de la junta del medio. Mantén tu muñeca derecha. Tus dedos deben arquear naturalmente. Descansa las yemas de los dedos sobre el centro de las teclas.

Paso 4 Pon la yema de tu pulgar derecho sobre la parte inferior de la flauta, entre tu primer y segundo dedo. Arquear tus dedos para que descansen suavemente sobre las teclas. Pon tu dedito pequeño sobre la tecla Mi bemol (Mi♭).

Paso 5 Permita su placa de embocadura quedar suavemente contra tu labio inferior. Sujeta la flauta como demostrado en esta fotografía.

Estudiante que se muestra es miembro de la Orquesta Sinfónica Juvenil de Milwaukee.

LECTURA DE MÚSICA

Identifica y dibuja cada uno de estos símbolos:

Pentagrama

El Pentagrama de Música tiene 5 líneas y 4 espacios donde se escriben notas y silencios.

Lineas adicionales

Las líneas adicionales amplían el pentagrama musical. Las notas en las líneas adicionales pueden estar por encima o por debajo del pentagrama.

Compases y lineas divisoras

Compás Compás

Las líneas divisorias

Las líneas divisorias dividen el pentagrama musical en compases.

Clarificación: La palabra compás también se refiere a la fracción numérica que aparece al principio de una canción para indicar cuantos pulsos se encuentran en un compás (el espacio entre las lineas divisoras), pero ese concepto será explicado con mas detalle después en este libro.

Tono largo ○⟶ Para empezar, usaremos una nota especial de "Tono Largo". Mantén el tono hasta que tu profesor te diga que descanses. Practica tonos largos todos los días para desarrollar tu sonido.

1. La primera nota

Mantén cada tono largo hasta que tu profesor(a) te diga que descanses

Fa

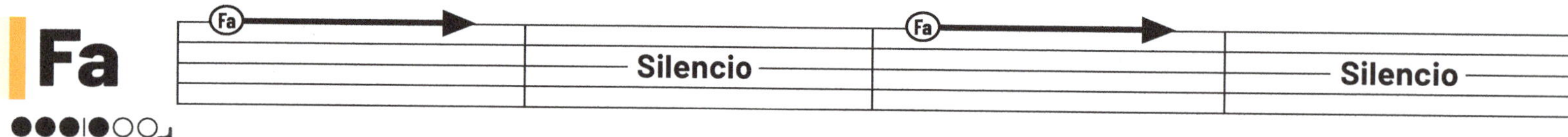

▲ *Para tocar Fa coloque sus manos sobre las teclas como indicado.*

El Ritmo

El **ritmo** es el pulso de la música y, como los latidos del corazón, debe permanecer muy constante. Contando en voz alta y dando golpecitos con los pies nos ayuda a mantener un ritmo constante. Golpea suavemente con el pie hacia **abajo** cada número y hacia **arriba** en cada "y."

Un pulso = 1 y
↓ ↑

Notas y Silencios

Las **notas** nos dicen cuales tonos tocan (alto o bajo) dependiendo en donde aparecen en el pentagrama musical, y también nos dice que duración darles dependiendo en su forma (negra, blanca redonda, etc.). Los **silencios** indican la duración de descanso.

Nota negra = 1 pulso de sonido

Silencio de la negra = 1 pulso de silencio

2. Cuenta y toca

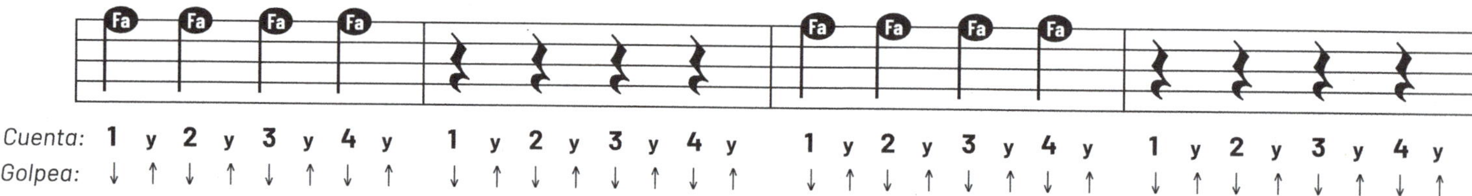

3. Una nota nueva

Busca el diagrama de las digitaciones debajo de cada nota. Esta nota es Mi bemol

Mi bemol

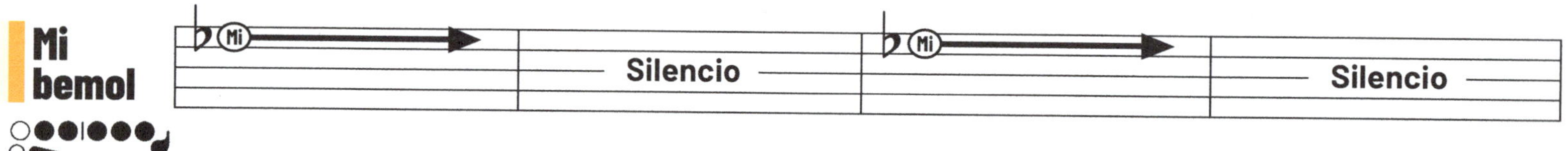

4. Dos son un equipo

Contar y dar golpecitos con el pie:

5. Hacia abajo

Practica tonos largos sobre cada nota nueva

Re

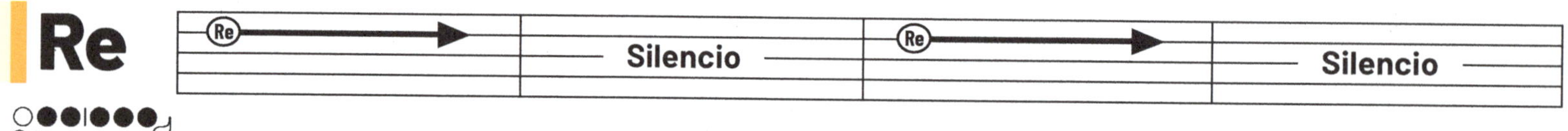

6. Avanzando hacia arriba

Contar y dar golpecitos con el pie

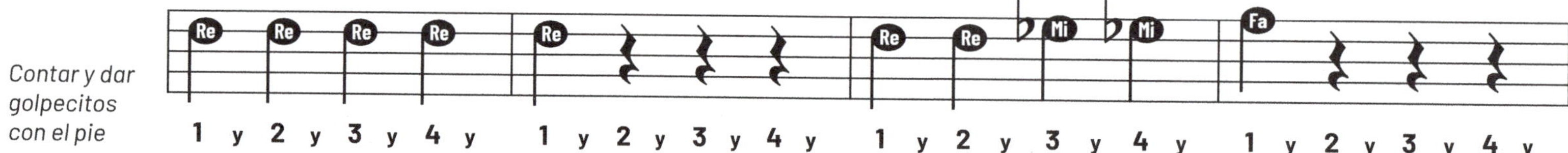

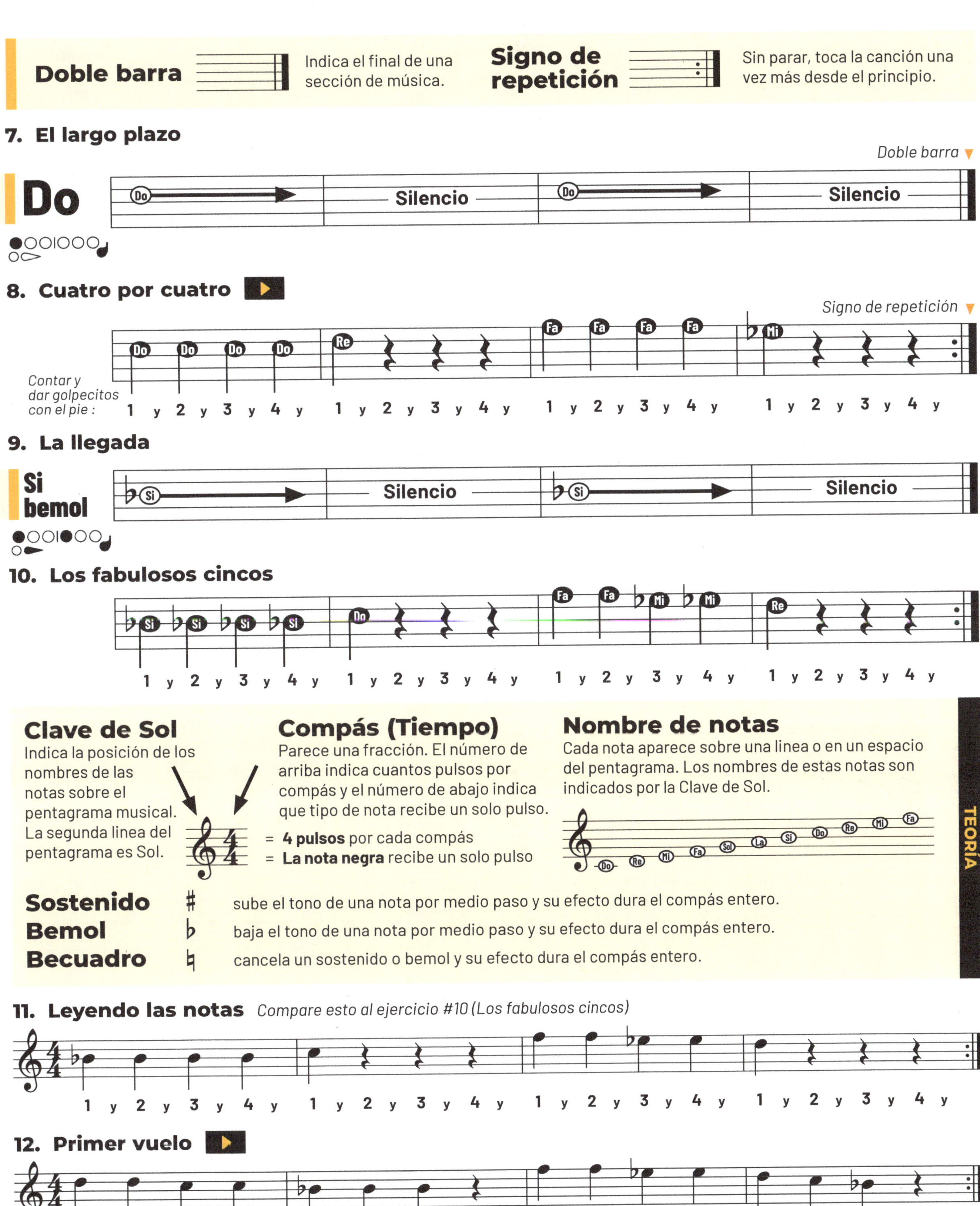

13. Essential Elements: Prueba

Escribe los nombres de las notas que faltan antes de empezar a tocar.

Si♭ Do Re ___ ___ ___ ___ ___ ___ ___ ___ ___ ___ ___ ___

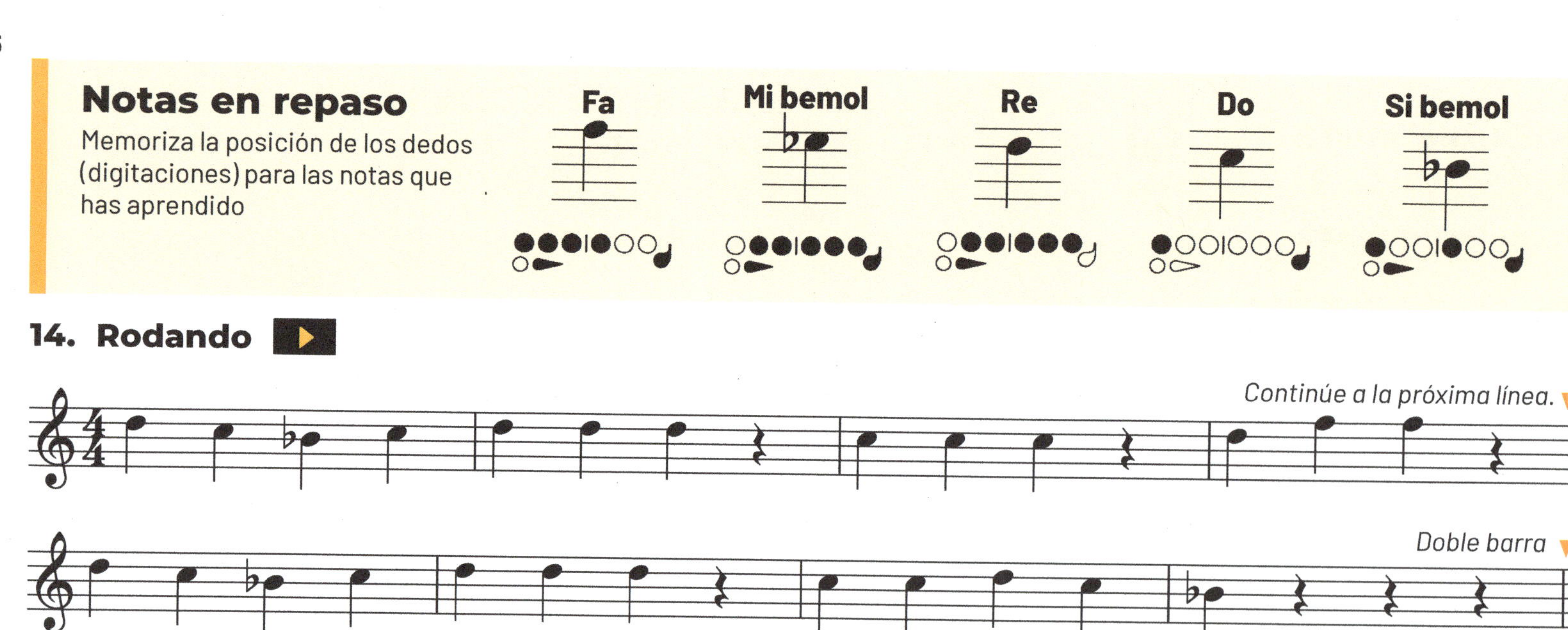

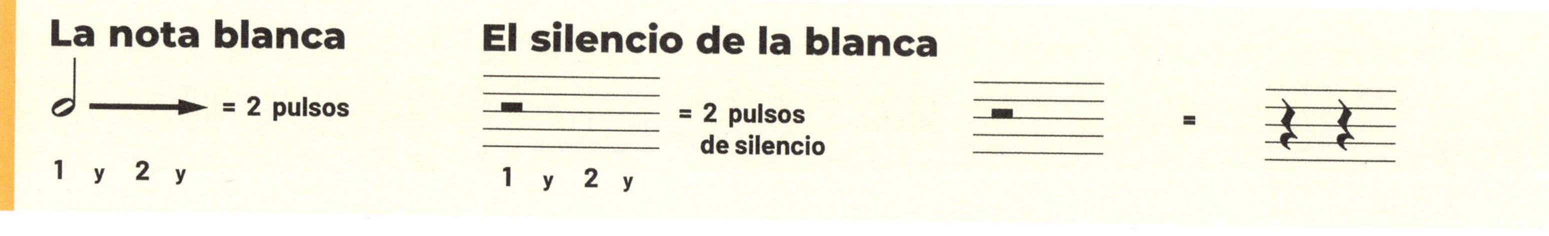

15. Rap de ritmo *Tocar el ritmo con palmadas mientras contando y dando golpecitos.*

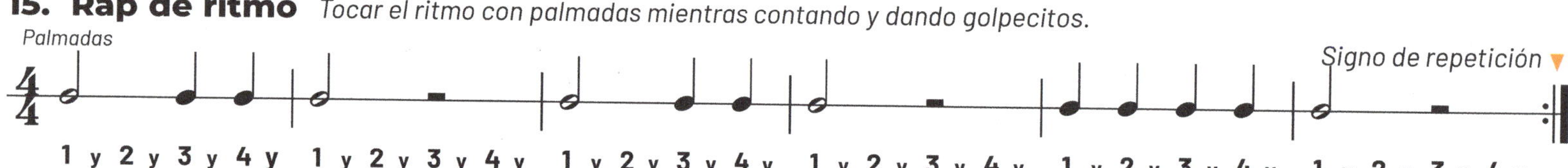

17. Panecitos calientes *Revisa tu embocadura y pocisión de las manos.*

Signo de respiración

, Respira profundamente por la boca después de tocar una nota completa.

18. Díselo a tía Rhodie

Canción folclórica estadounidense

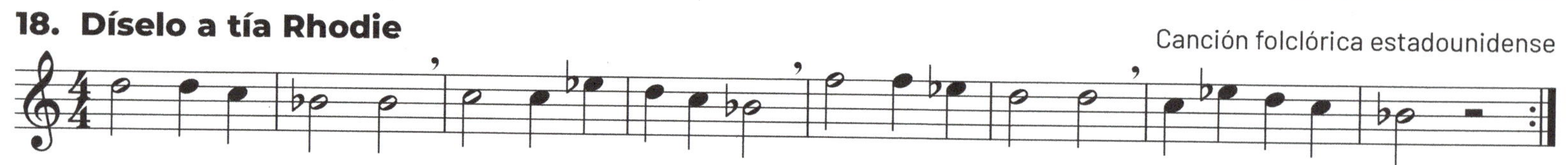

19. Essential Elements: Prueba *Usando los nombres de las notas y los ritmos que aparecen debajo, dibuja tus notas en el pentagrama antes de empezar a tocar.*

La nota redonda

○ ⟶ = 4 pulsos

1 y 2 y 3 y 4 y

El silencio de la redonda

= Un compás entero de silencio

1 y 2 y 3 y 4 y

El silencio de la redonda aparece suspendido de una línea del pentagrama

El silencio de la Blanca aparece suspendido de una línea del pentagrama

20. Ritmo rap *Toca el ritmo con palmadas mientras contando y dando golpecitos con el pie.*

Palmadas

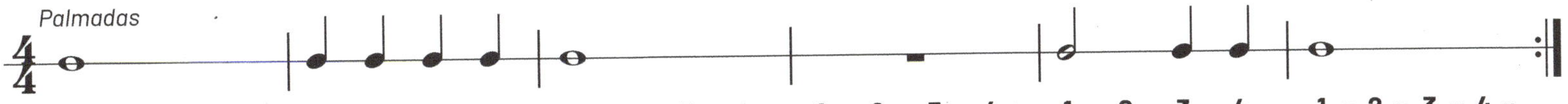

1 y 2 y 3 y 4 y 1 y 2 y 3 y 4 y 1 y 2 y 3 y 4 y 1 y 2 y 3 y 4 y 1 y 2 y 3 y 4 y 1 y 2 y 3 y 4 y

21. La redonda entera

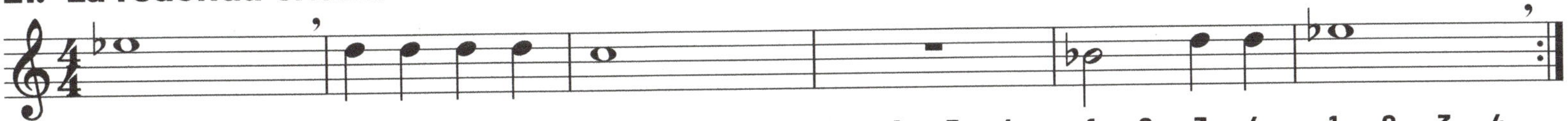

1 y 2 y 3 y 4 y 1 y 2 y 3 y 4 y 1 y 2 y 3 y 4 y 1 y 2 y 3 y 4 y 1 y 2 y 3 y 4 y 1 y 2 y 3 y 4 y

Dúo Una composición con dos tocados juntos diferentes.

22. Decisión dividida – dùo

A

B

Armadura  La armadura nos dice cuáles notas tocar con sostenidos (♯), o bemoles (♭) en la música. Tu armadura indica la Clave de Sí bemol (B♭) - toca todas las notas "Sí" y tambien "Mí" como bemoles (♭).

TEORÍA

23. Pasos de marcha

▲ *Toca Sí bemol y Mi bemol*

24. Escuchar a nuestras secciones

25. Suavemente rema

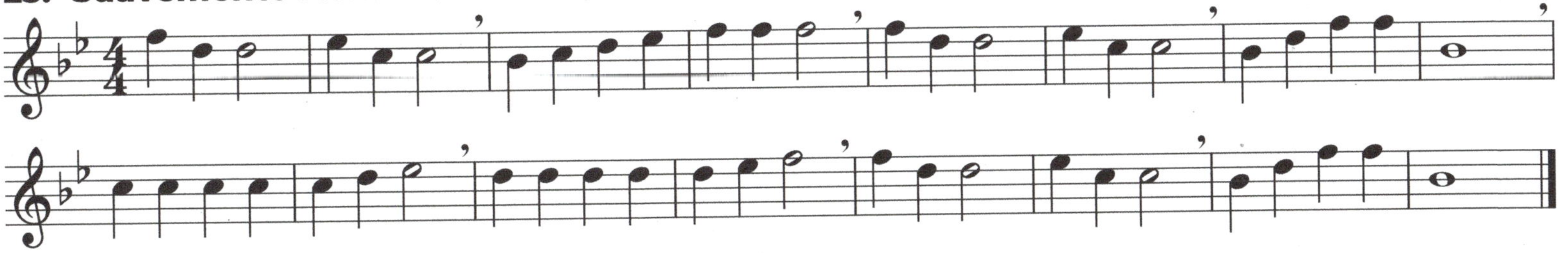

26. Essential Elements: Prueba *Dibuja las líneas que dividen cada compás antes de empezar a tocar.*

Calderón 𝄐 Sostener la nota (o silencio) por más tiempo que lo normal.

27. Llegando más alto – nota nueva – Sol

Practíca tonos largos para cada nota nueva

28. El claro de la luna

Canción folclórica francesa

29. Remezcla

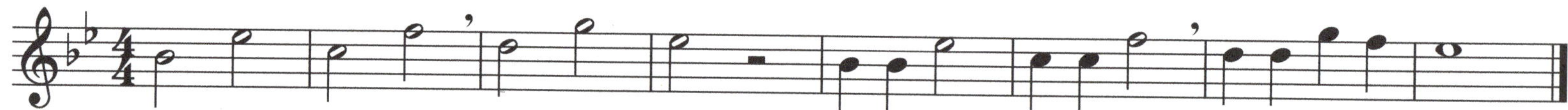

TEORÍA

Armonía Dos o más notas tocadas juntas; Cada combinación forma un acorde.

30. El puente de Londres – dúo

Canción folclórica inglesa

HISTORIA

Compositor Austriaco **Wolfgang Amadeus Mozart** (1756-1791) fué un niño prodigio quien empezó tocando música profesionalmente a los seis años y vivió durante el tiempo de la revolución americana. La música de Mozart es muy melódica e imaginativa. Escribió mas de 600 composiciones durante su corta vida, incluyendo una pieza para el piano basado en la famosa canción, "Twinkle, Twinkle, Little Star."

31. Una melodía de Mozart

Adaptación

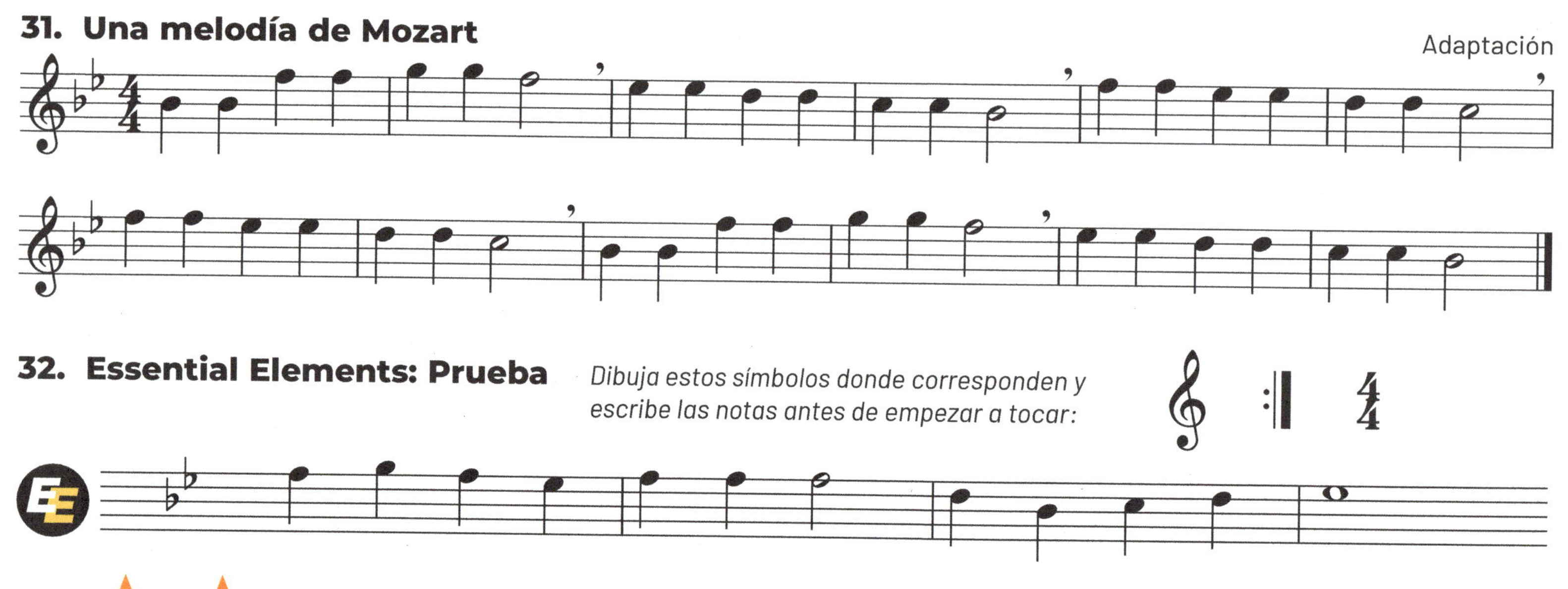

32. Essential Elements: Prueba

Dibuja estos símbolos donde corresponden y escribe las notas antes de empezar a tocar:

33. Bolsillos profundos – nota nueva

34. "Doodle" todo el día

35. Brinca soga

Notas preparatorias

Una o más nota(s) que vienen antes del primer compás *completo*.
Los pulsos de las notas preparatorias son removidos del último compás.

36. A-tisket, a-tasket

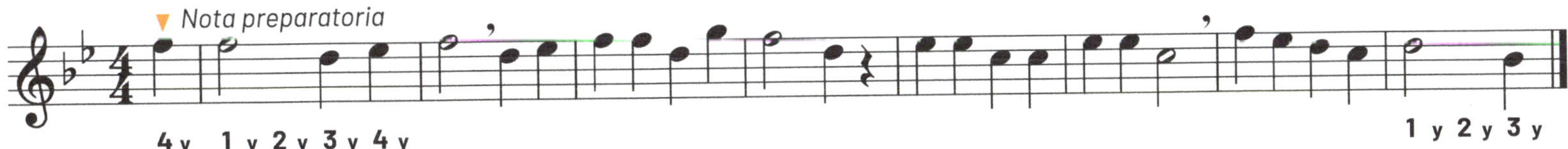

Indicadores de dinámicas

f – *forte* (tocar fuertemente) ***mf*** – *mezzo forte* (tocar en volumen nivel mediano)
p – *piano* (tocar suavemente)
Recuerda usar soporte de respiración completo para controlar tu tono en todos niveles dinámicas

37. Fuerte y suave

Tocar con palmadas

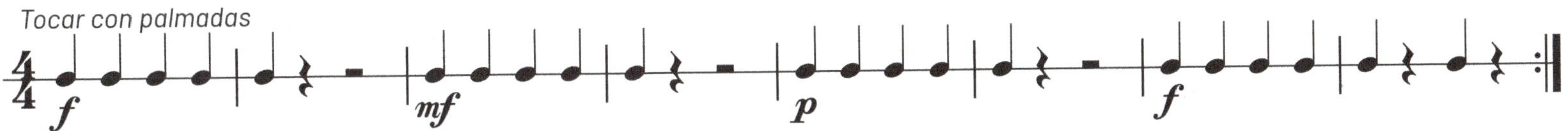

38. Cascabeles *Mantén tus dedos cerca al teclado, curveados naturalmente.*

J. S. Pierpont

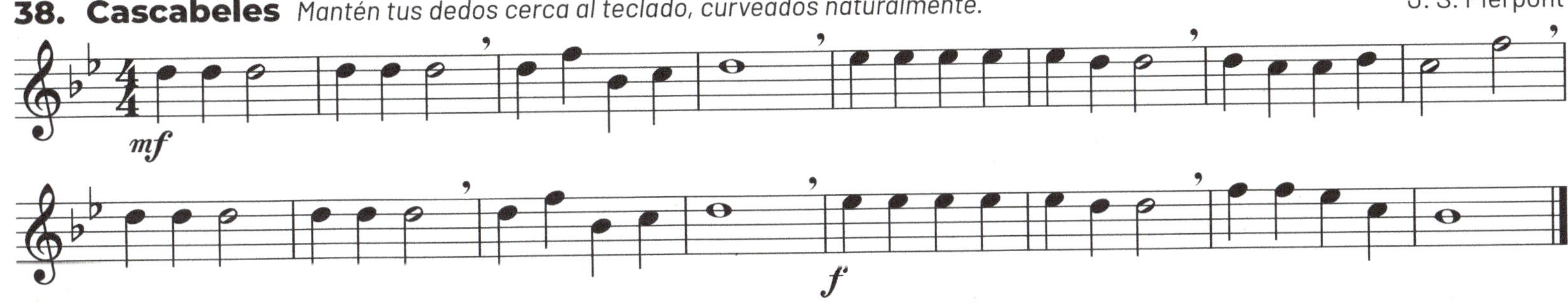

39. Mi dreydl *Utilice soporte completo de respiración en cada nivel dinámica.*

Canción tradicional de Hanukkah

41. "Jam" de corcheas

42. Saltar hacia mi Luis

Canción folclórica estadounidense

43. Hace mucho, mucho tiempo

Una buena postura mejora tu tono. Siempre siéntate derecho/a.

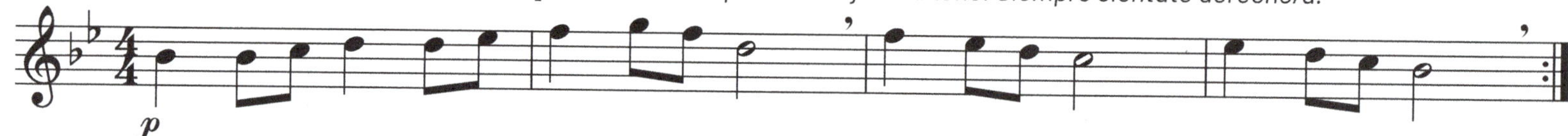

44. Rock de Montaña Caramelo

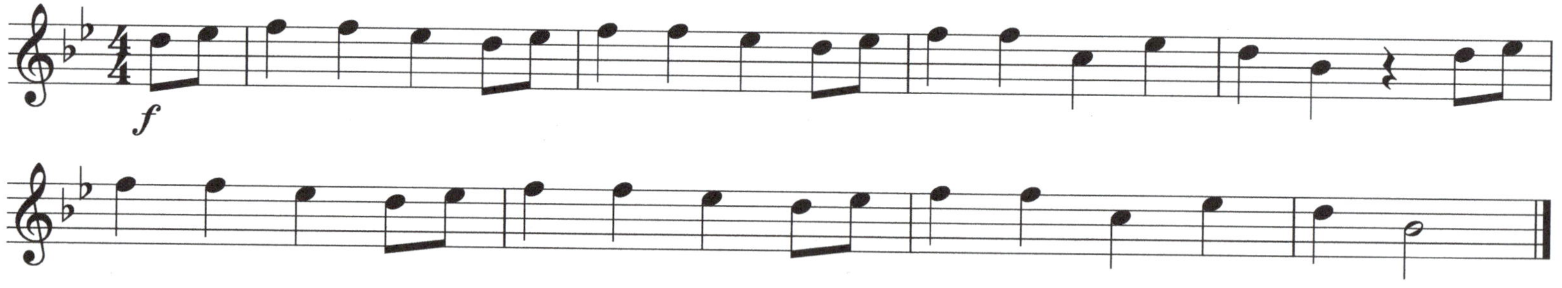

HISTORIA

Compositor Italiano **Gioachino Rossini** (1792- 1868) empezó a escribir música en su adolescencia y era muy competente tocando el piano, la viola y el corno. Rossini compuso "William Tell" a los 37 años como su último de sus 40 óperas, y su tema familiar se oye todavía en televisión y radio.

45. Essential Elements: Prueba – William Tell

Gioacchino Rossini

Compás de 2/4

2/4 = **2 pulsos** por cada compás
= **Nota negra** vale 1 pulso

Dirigiendo

Practica dirigir este patrón de dos pulsos

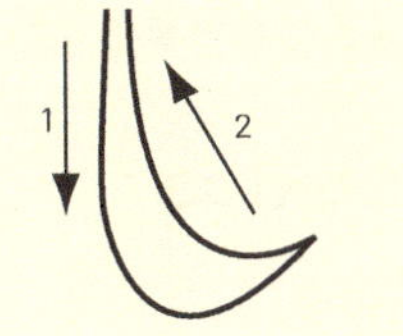

TEORÍA

46. Ritmo rap

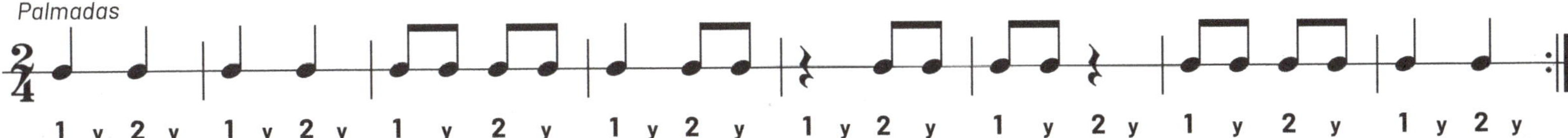

47. De dos en dos

Indicadores de tempo "Tempo" es la velocidad de la música. Marcas de tempo generalmente se escriben sobre el pentagrama, en italiano.
Allegro – Tempo rápido **Moderato** – Tempo mediana **Andante** – Ritmo de marcha o caminar más lento

48. Marcha de cadetes secundarios

John Philip Sousa

49. ¡Oye! Nadie esta en casa – nota nueva

Dinámicas

Crescendo (gradualmente aumentando el volumen)

Decrescendo o *Diminuendo* (gradualmente reduciendo el volumen)

50. Toca las dinámicas con palmadas

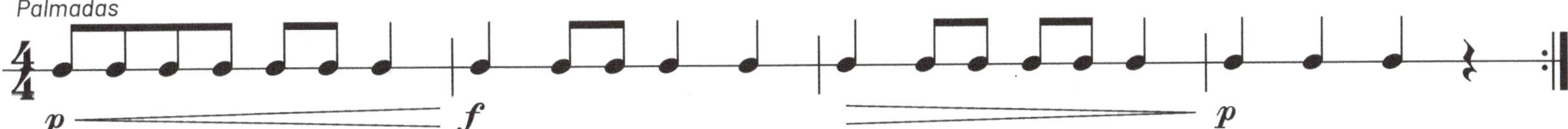

51. Toca las dinámicas

¿Buscas más música divertida para tocar? Consulte la portada interior para obtener instrucciones sobre cómo acceder a las canciones adicionales populares y recientes.

RENDIMIENTO DESCATADO

52. Calentamientos

Desarrollador de tono

Estudio de ritmo

Rap de ritmo

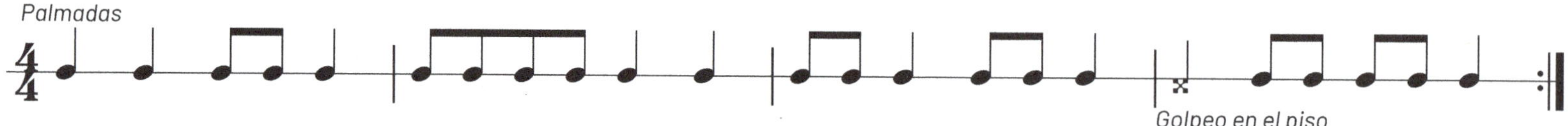

Coral

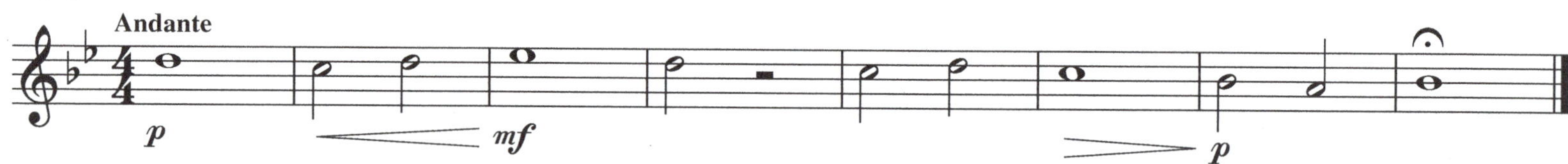

53. Aura Lee – dúo o arreglo para banda

(Parte A= melodía, Parte B= armonía)

George R. Poulton

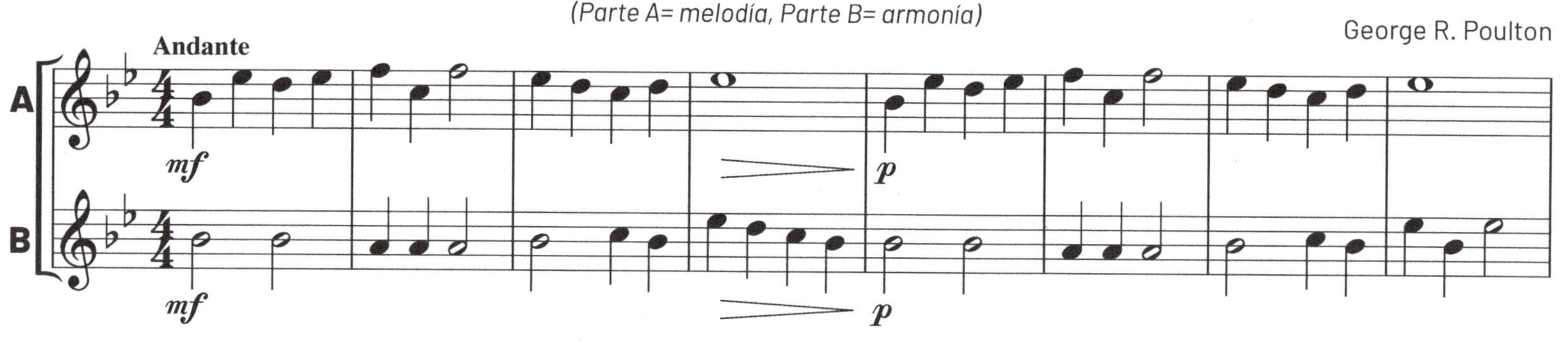

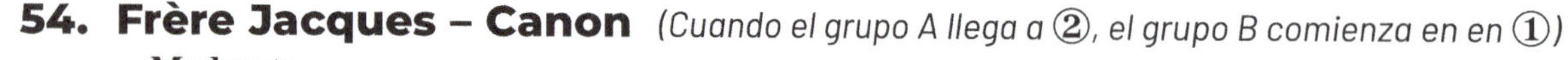

54. Frère Jacques – Canon (Cuando el grupo A llega a ②, el grupo B comienza en en ①)

Canción folclórica francesa

RENDIMIENTO DESCATADO

55. Cuando los santos entran marchando – arreglo de banda

Arr. por John Higgins

Allegro

3 ◄ *Número de compás*

mf

11

f

19

56. Viejo MacDonald tenía una banda – presentación para secciones

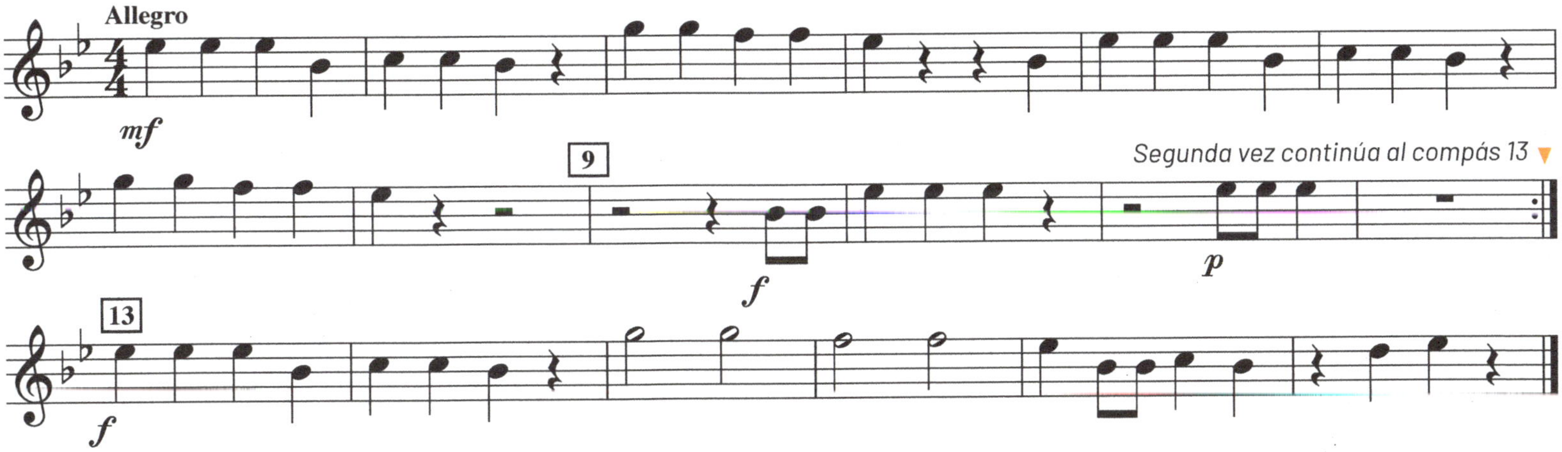

Allegro

mf

9

Segunda vez continúa al compás 13 ▼

f

p

13

f

57. Himno a la alegría (de la Sinfonía n.° 9)

Ludwig van Beethoven
Arr. por John Higgins

Moderato

mf

9

p

13

f

58. Blues de "rock" duro-bis

John Higgins

Allegro

f

Ligadura Una línea curva que conecta notas del mismo tono. Toca una nota durante el tiempo total de las notas.

59. Listo para ser ligados

60. Alouette

Canción folclórica francocanadiense

Nota blanca con puntillo

Un puntillo añade la mitad del valor de la nota.

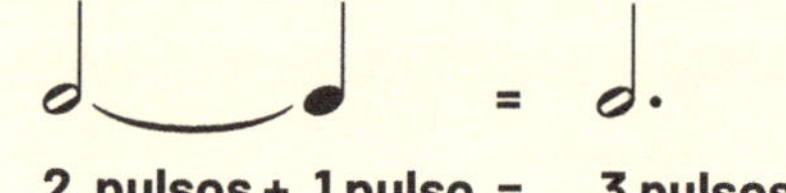

61. Alouette – la secuela

Canción folclórica francocanadiense

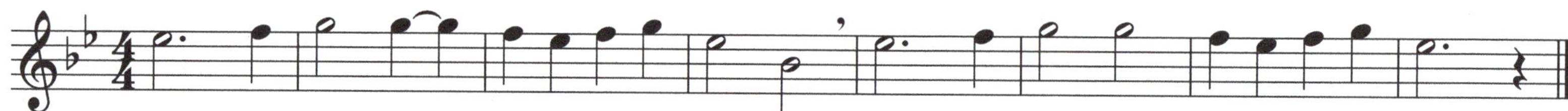

62. Está lloviendo

63. Rumbos nuevos – nota nueva

Para tocar notas más bajas, sopla suavemente y dirige la corriente de aire en una dirección mas baja hacia el orificio de la embocadura.

64. Los nobles

Utilice siempre un flujo de aire completo. Mantenga los dedos sobre las teclas, con curvatura natural.

65. Essential Elements: Prueba

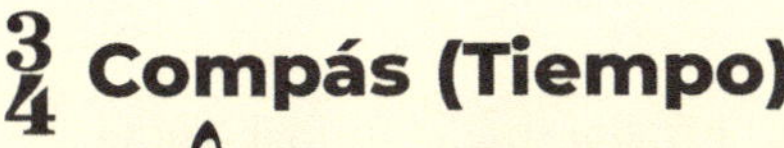

3/4 Compás (Tiempo)

3/4 = **3 pulsos** por cada compás
= **Nota Negra** recibe un pulso

Dirigiendo

Practica dirigir esta patrón de 3 pulsos

TEORÍA

66. Ritmo rap

Palmadas

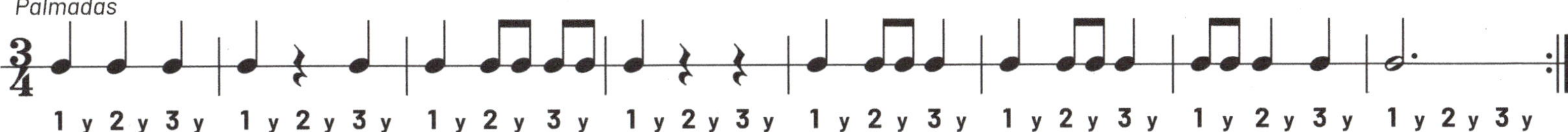

67. Jam de tres pulsos

68. Barcarolle

Jacques Offenbach

HISTORIA

El compositor noruego **Edvard Grieg** (1843-1907) escribió *Peer Gynt Suite* para una obra de teatro de Henrik Ibsen en 1875, un año antes de que el teléfono fue inventado por Alexander Graham Bell. "Morning" es una melodía de *Peer Gynt Suite*. La música utilizada en obras de teatro o películas se denomina **música incidental**.

69. Mañana (Peer Gynt)

Edvard Grieg

Signo de acentuación

Enfatiza la nota.

70. Acentúa tu talento

Palmadas

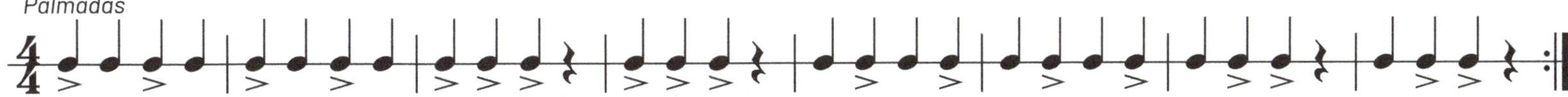

HISTORIA

La música latinoamericana tiene sus raíces en las culturas africana, nativa americana, española y portuguesa. Esta diversa música se caracteriza por vibrantes acompañamientos de tambores y otros instrumentos de percusión como maracas y claves. La música latinoamericana continúa influyendo la música de jazz, clásica y los estilos populares. "Chiapanecas" es una popular canción infantil de baile y juego.

71. Chiapanecas

Canción folclórica latinoamericana

72. Creatividad Esencial

Compone tu propia música para los compases 3 y 4 utilizando este ritmo:

TEORÍA

Alteración

Cualquier signo sostenido, bemol o natural que aparece en la música sin estar en la armadura se llama una **alteración**.

Bemol ♭

Un **bemol** baja el tono de una nota por medio tono. La nota La bemol suena medio tono por debajo de La, y todas las notas La se convierten en La bemol durante el resto del compás donde aparecen.

73. Panecitos calientes – nota nueva

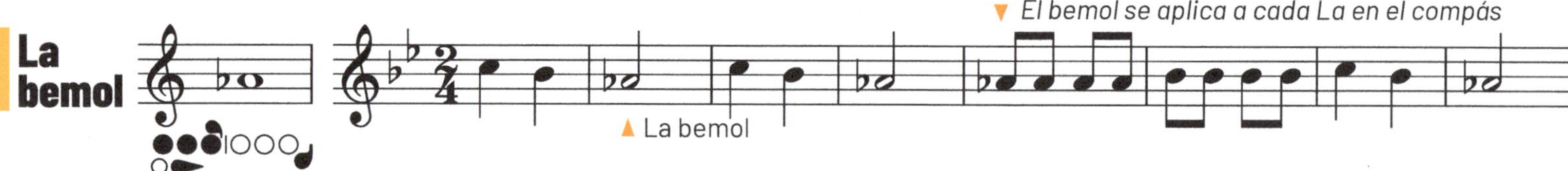

74. Baile cosaca

75. Blues básico – nueva nota

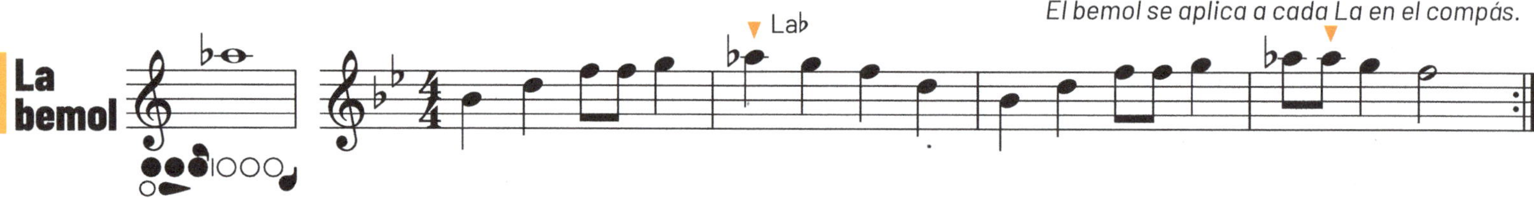

TEORÍA

Armadura Nueva

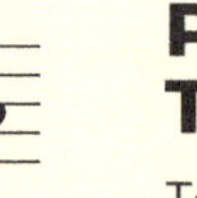

Esta Armadura indica la clave de Mi Bemol (E♭) – Toca cada Si (B), cada Mi (E♭) y cada La (A) como bemoles.

Primeras y Segundas Terminaciones

1. 2.

Toca la sección repetida hasta el final de la Primera Terminación. Repite la sección indicada, omitiendo la Primera Terminación y saltando a la Segunda Terminación.

76. Altos vuelos

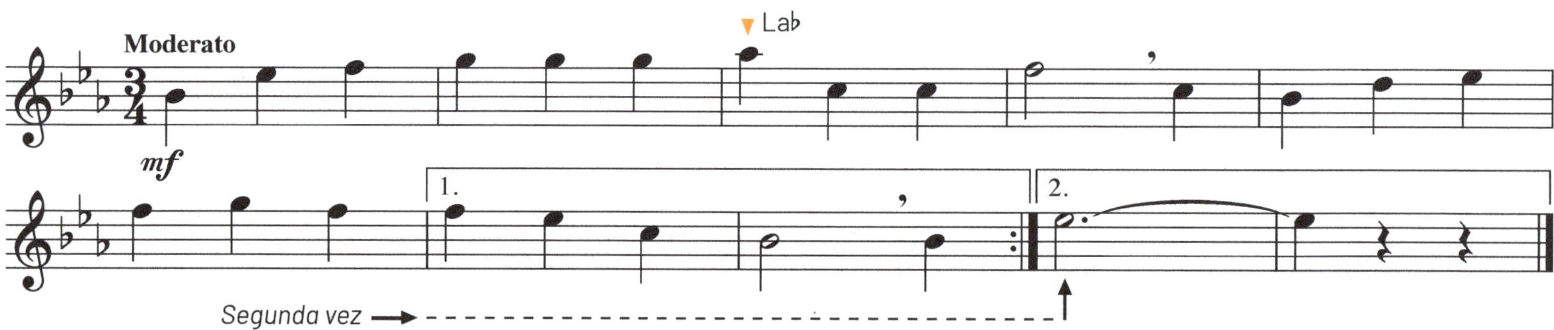

HISTORIA

La **música folclórica japonesa** en actualidad tiene sus orígenes en la antigua China. "Sakura, Sakura" se interpretaba con instrumentos como el **koto**, un instrumento de 13 cuerdas con más de 4000 años de antigüedad, y también con el **shakuhachi** o flauta de bambú. El sonido único de esta antigua melodía japonesa se debe a la secuencia pentatónica (o secuencia de cinco notas) utilizada en este sistema tonal.

77. Sakura, sakura – arreglo de banda

Canción folclórica japonesa
Arr. por John Higgins

78. Sobre la azotéa

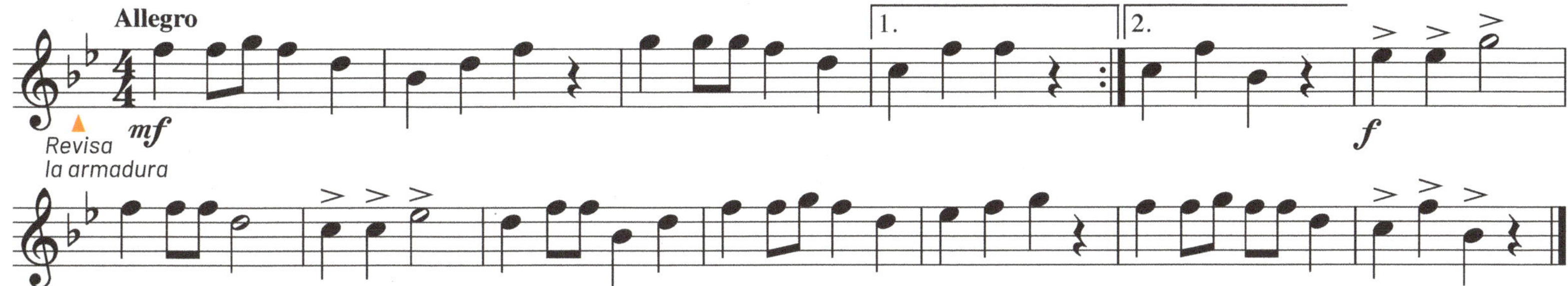

79. Alegre viejo San Nicolas – dúo

Consulte la página 9 para música navideña adicional, Mi dreydl y Cascabeles.

80. La gran corriente de aire – nota nueva

81. Tema de vals (Vals de la viuda alegre)

Franz Lehar

82. Tiempo de aire

83. Allá por la estación

84. Essential Elements: Prueba

85. Creatividad Esencial *Usando estas notas, improvisa tus propios ritmos:*

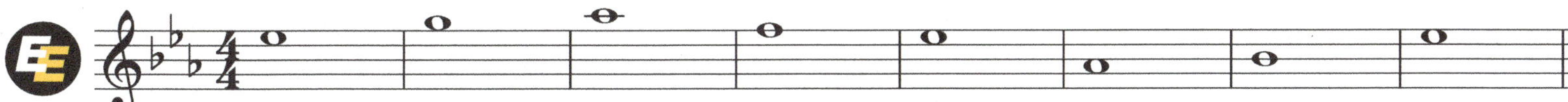

DESARROLLADOR DE TONO

Entrenamientos para tono y técnica

86. Desarrollador de tono *Utilice un flujo de aire constante*

87. Desarrollador de ritmo

88. Ejercicios de técnica

89. Coral *adaptado de la Cantata 147*

Johann Sebastian Bach

TEORÍA

Tema y variación

Una forma musical que presenta un **tema** o melodía principal, seguido por **variaciones** o versiones alteradas del tema.

90. Variaciones sobre un tema conocido

D.C. al Fine

En el **D.C. al fine** toca de nuevo desde el principio, deteniéndose en **fine**.
D.C. es la abreviación para **Da Capo** o "al principio" y **fine** significa el final.

91. Canción del barco banana

Canción folclórica caribeña

Becuadro ♮

TEORÍA

Un **becuadro** cancela un bemol o un sostenido y permanece en efecto durante todo el compás.

92. Filo de navaja – nota nueva

93. La caja de música

HISTORIA

Las canciones **espirituales afroamericanas** se originaron en los 1700's a mediados del período de la esclavitud en Estados Unidos. Una de las categorías más grandes de la auténtica música folclórica estadounidense, estas canciones, principalmente religiosas, se cantaron y se transmitieron de generación en generación sin ser escritas. La primera colección de espirituales se publicó en 1867, cuatro años después de la promulgación de la Proclamación de Emancipación.

94. Ezekiel vió la rueda

Canción espiritual africana-americana

Ligadura

Una línea curva que conecta notas de diferente altura.
Articular solo la primera nota de una **ligadura**.

95. Operador hábil

96. Deslizando

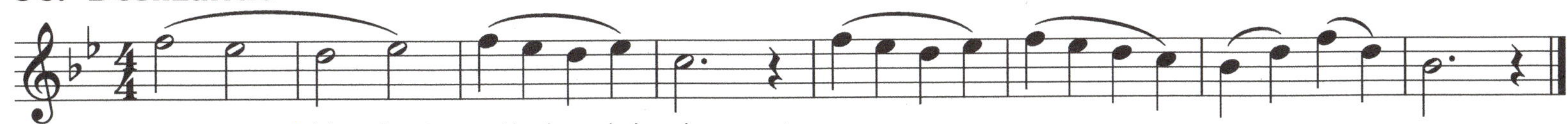

HISTORIA

El **ragtime** es un estilo musical norteamericano popular desde la década de 1890 hasta la primera guerra mundial. Esta forma temprana de jazz dio fama a pianistas como "Jelly Roll" Morton y Scott Joplin, autores de "The Entertainer" y "Maple Leaf Rag". Sorprendentemente, el estilo se incorporó a algunas obras orquestales de Igor Stravinsky y Claude Debussy. Los trombones ahora aprenden a tocar el glissando, una técnica utilizada en el ragtime y otros estilos musicales.

97. Rag de trombón

98. Essential Elements: Prueba

99. Tomar la delantera – nota nueva

TEORÍA

Frase Una "oración" musical que comúnmente tiene 2 o 4 compases. Trata de tocar una **frase** completa con una sola respiración.

100. El viento frío

101. Fraseología *Escribe los signos de respiración (ʼ) entre las frases.*

TEORÍA

Armadura nueva

Esta **Armadura** indica la Clave de Fa (F). Tocar cada Si (B) como bemol (B♭)

Silencios de compases multiples

El número sobre en pentagrama indica cuantos compases completos requieren silencio. Contar cada compás de silencio en secuencia:

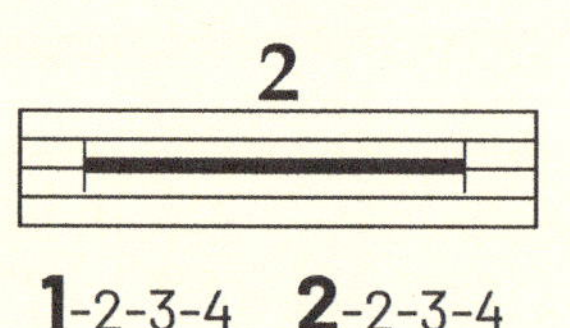

1-2-3-4 **2**-2-3-4

102. Latin Satinado

HISTORIA

El compositor alemán **Johann Sebastian Bach** (1685-1750) fue parte de una gran familia de músicos famosos y se convirtió en el compositor más reconocido de la época barroca. Comenzando como miembro del coro, Bach pronto se convirtió en organista, profesor y compositor prolífico, que escribió más de 600 obras maestras. Este *Minueto*, o danza en compás de 3/4, fue escrita como una pieza didáctica para su uso con una forma temprana del piano.

103. Minuet – dúo

Johann Sebastian Bach

104. Creatividad Esencial

Esta melodía se puede tocar en 3/4 o 4/4. Dibuja a lápiz cualquiera de las dos compases, dibuja las líneas divisorias y toca la canción. Ahora borra las líneas divisorias y prueba con el otro compás. ¿Suenan diferentes las frases?

105. Naturalmente

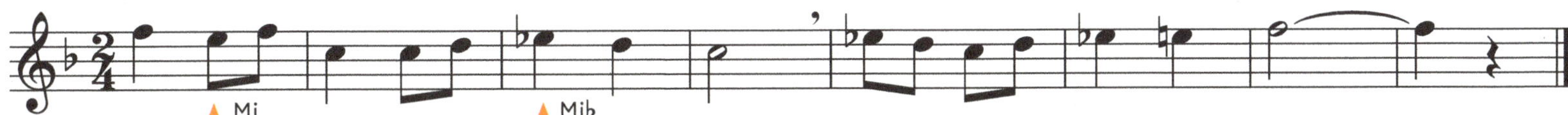

HISTORIA El compositor austriaco **Franz Peter Schubert** (1797-1828) vivió una vida más corta que cualquier otro gran compositor, pero creó una increíble cantidad de música: más de 600 canciones artísticas (música de concierto para voz y acompañamiento), diez sinfonías, música de cámara, óperas, obras corales y piezas para piano. Su "Marcha militar" fue originalmente un dúo de piano.

HISTORIA

106. Marcha militar – nota nueva

Franz Schubert

107. La zona plana – nota nueva

108. Encima de viejo Smokey

Canción folclórica estadounidense

El boogie-woogie es un estilo de **blues**, y fue grabado por primera vez por el pianista Clarence "Pine Top" Smith en 1928, un año después del vuelo en solitario de Charles Lindbergh a través del Atlántico. La música blues, como una forma de jazz, presenta notas alteradas y generalmente se escribe en versos de 12 compases, como "Boogie del bajo de abajo".

HISTORIA

109. Boogie del bajo de abajo – dúo

Notas negras con puntillo y corcheas
= 2 pulsos
1 y 2 y
Un punto añade la mitad del valor de la negra.
1 y 2 y
Una sola corchea tiene una bandera en la plica.
110. Rap de ritmo
Palmadas
1 y 2 y 3 y 4 y
111. El punto siempre cuenta
112. Toda la noche
Fine
D.C. al Fine
mf
p
113. Chabolas de mar
Utiliza siempre la corriente de aire completa.
Canción folclórica inglesa
Moderato
f
mf
114. La feria de Scarborough
Canción folclórica inglesa
Andante
mf
f
p
115. Rap de ritmo
Palmadas
116. El cambio de rumbo
117. Essential Elements: Prueba – Auld lang syne
Canción folclórica escocesa
Andante
mf
Revisa el ritmo

RENDIMIENTO DESTACADO

Solo con Acompañamiento de Piano

Puedes realizar este solo con o sin un pianista acompañante. Tócalo para la banda, la escuela o tu familia. Este pasaje forma parte de la **Sinfonía #9 ("Del Mundo Nuevo")** del compositor checo **Antonin Dvorák** (1841-1904). Él escribió la obra mientras visitaba Estados Unidos en 1893, y se inspiró para incluir melodías de canciones folclóricas y espirituales estadounidenses. Este es el tema Largo (o "tempo muy lento").

118. Tema de "Sinfonía del nuevo mundo"

Antonin Dvorák

Los grandes músicos animan a sus compañeros intérpretes. En esta página, los clarinetistas aprenden el registro superior de sus instrumentos en los "Saltos de gorila granadilla" (llamado así por la madera de granadilla utilizada para hacer clarinetes). Los músicos de instrumentos metales aprenden las ligaduras de labios, un nuevo patrón de calentamiento. El éxito de tu banda depende del esfuerzo y el estímulo de todos.

119. Salto de gorila granadilla n.° 1

120. Saltando arriba y abajo

121. Salto de gorila granadilla n.° 2 – nota nueva

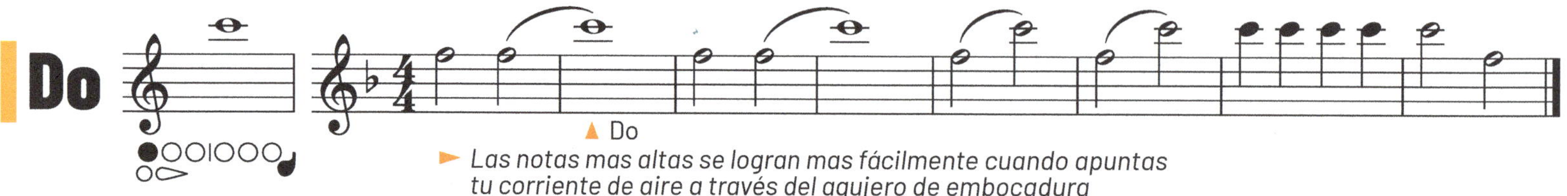

122. Saltando con alegría

123. Salto de gorila granadilla n.° 3

124. Saltos de tijera

TEORÍA

Intervalo

La distancia entre dos tonos es un intervalo. Comenzando con "1" en la nota más baja, cuenta cada línea y espacio entre las notas. El número de la nota más alta es la distancia del intervalo.

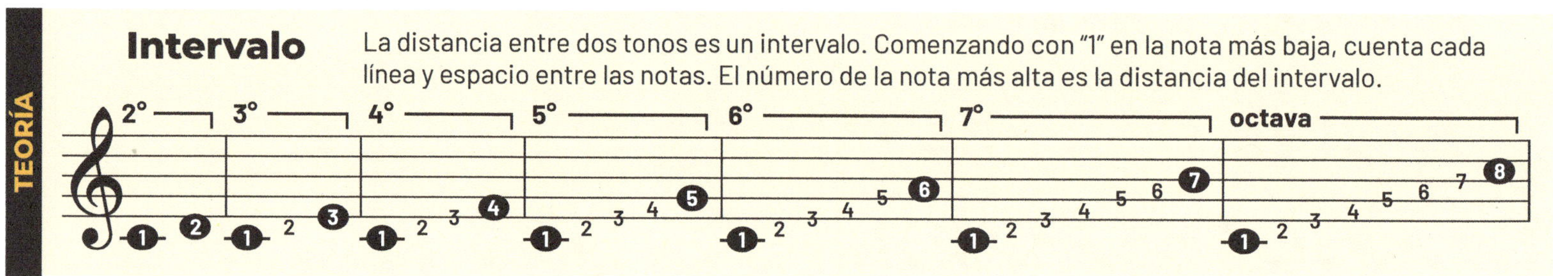

125. Essential Elements

Escribe los números de los intervalos, contando hacia arriba desde las notas más bajas.

Canciones adicionales están disponibles en línea. Consulte la portada interior para obtener más detalles.

126. Salto de gorila granadilla n.º 4

127. Tres es la cuenta

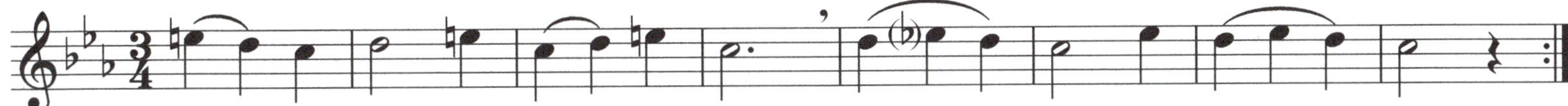

128. Salto de gorila granadilla n.º 5

129. Ejercicio de técnica

130. Cruzando

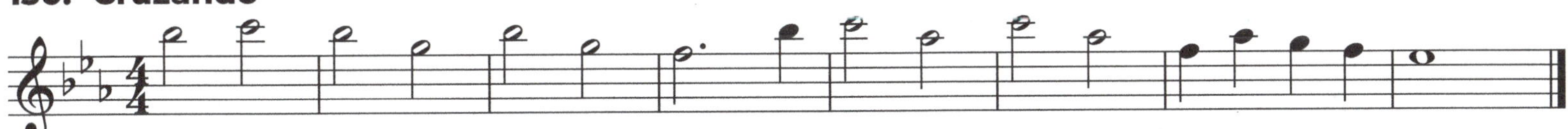

Trío Un **trío** es una composición con tres partes tocadas juntas.
Practica este trío con otros dos músicos y escucha la armonía a 3 voces.

131. Kum bah yah – trío *Compruebe siempre la armadura*

Canción folclórica africana

Signos de Repetición

Repite la sección de música encerrada por los signos de repetición. (Si se usan terminaciones 1ª y 2ª, se tocan como de costumbre, pero se vuelve a la primera señal de repetición, no al principio).

132. Michael rema el bote hasta la orilla

Canción folclórica africana

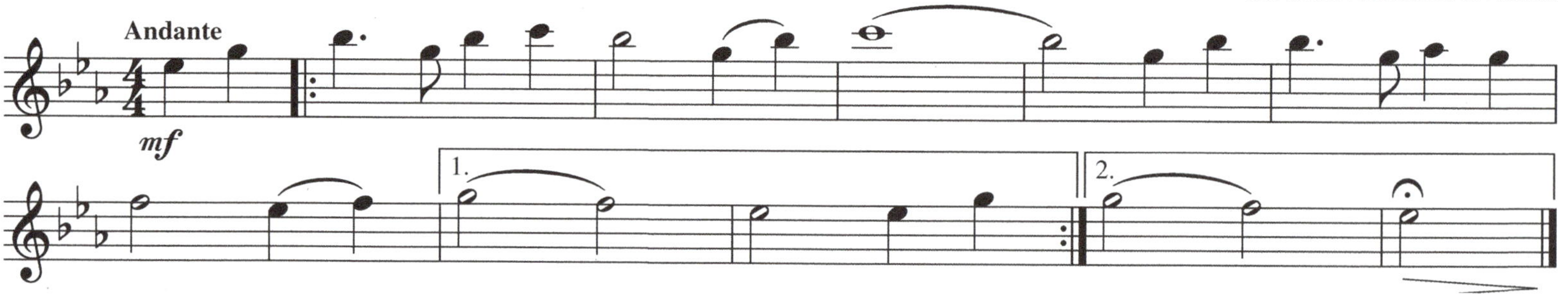

Andante

mf

1. 2.

133. Vals austríaco

Canción folclórica austriaco

Moderato

f

134. Bahía botánica

Canción folclórica australiano

Allegro

mf *f* *mf*

TEORÍA

C Compás

C = **Tiempo común** (igual a $\frac{4}{4}$)

Dirigiendo

Practica dirigir este patrón de cuatro pulsos

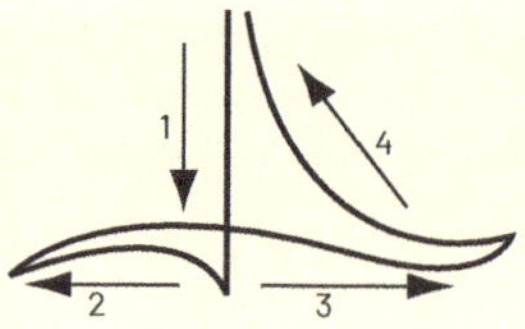

1 2 3 4

135. Ejercicio de técnica

Practica este ejercicio en todos los niveles dinámicos.

136. Finlandia

Jean Sibelius

Andante

p *mf* *p*

1. 2.

137. Creatividad Esencial

Crea tus propias variaciones dibujando un punto y una bandera para cambiar el ritmo de cualquier compás de ♩ ♩ *a* ♩. ♪

138. Saltos fáciles de gorila

139. Ejercicio de Técnica *Compruebe siempre la armadura*

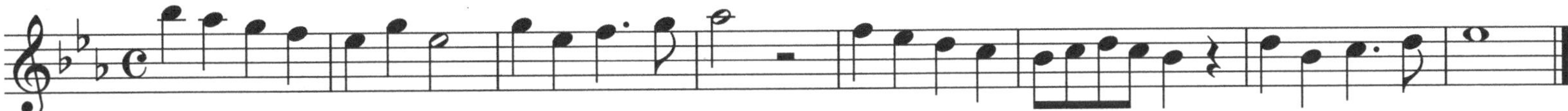

140. Otro ejercicio de técnica

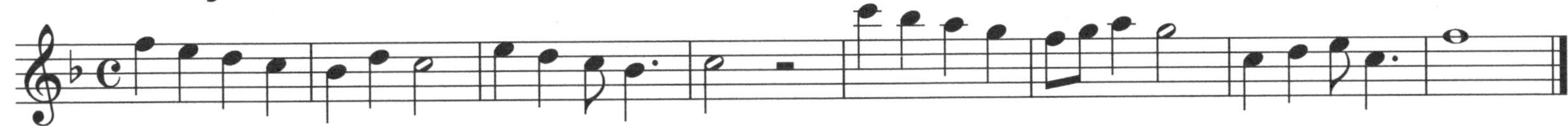

141. Canción alemana folclórica

142. Cuando los santos vuelven a marchar

James Black y Katherine Purvis

143. Paseo de los gorila de tierra-baja

144. Navegación tranquila

145. Más saltos de gorila

146. Cobertura total

TEORÍA

Escala

Una **escala** es una secuencia de notas en orden ascendente o descendente. Como una "escalera" musical, cada escala de paso es la siguiente nota consecutiva en la tonalidad. Esta escala está en tu clave de Si bemol (B♭), usando dos bemoles. La dos notas mas superior e inferior son ambas Si bemoles. El intervalo entre las dos es de una octava.

147. Escala de Si bemol – para instrumentos en Do

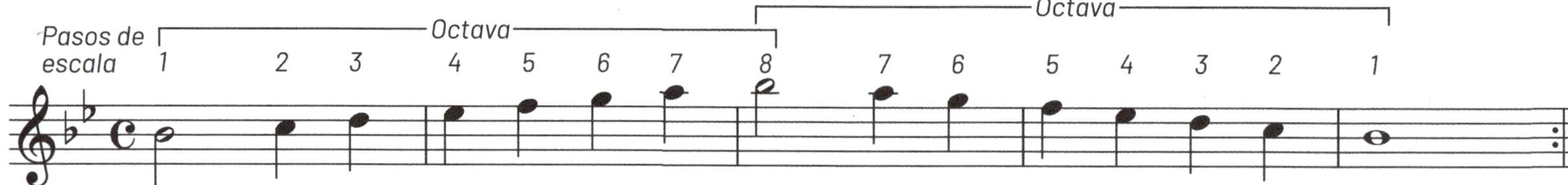

TEORÍA

Acorde y Arpegios

Cuando dos o más notas se tocan juntas, forman un acorde o armonía. Este acorde de Si bemol se construye a partir de los pasos 1º, 3º y 5º de la escala de Si bemol (B♭). El octavo paso es el mismo que el 1º, pero es una octava más alta. Un arpegio es un acorde "fragmentado" cuyas notas se tocan individualmente.

148. En armonía

Divida las notas de los acordes entre los miembros de la banda y tóquenlos juntos. ¿Suena el arpegio como un acorde?

149. Escala y arpegio

HISTORIA

El compositor austriaco Franz Josef Haydn (1732-1809) escribió 104 sinfonías. Muchas de estas obras tenían apodos e incluían efectos brillantes y únicos para su época. Su sinfonía N.º 94 fue llamada "La sinfonía sorpresa" porque el suave segundo movimiento incluía una dinámica repentina y fuerte, destinada a despertar a un público a menudo adormecido. Presta atención especial a la dinámica cuando toques este famoso tema.

150. Tema de la Sinfonía sorpresa

Franz Josef Haydn

151. Essential Elements: prueba – Las calles de Laredo

Canción folclórico norteamericano

Escribe los nombres de las notas antes de tocar

RENDIMIENTO DESTACADO

152. Espíritu escolar – arreglo de banda

W.T. Purdy
Arr. por John Higgins

Soli

Mientras tocando música indicado como **Soli**, eres parte de un "solo" para un grupo entero. Escucha cuidadosamente durante "Carnaval de Venezia" e identifica el nombre de los instrumentos que tocan la parte del Soli en cada compás indicada.

153. Carnaval de Venezia – arreglo de banda

Julius Benedict
Arr. por John Higgins

Allegro

Soli

final del Soli

CALENTAMIENTOS DIARIOS

EJERCICIOS PARA TONO Y TÉCNICA

154. Desarrollador de registro y flexibilidad

155. Ejercicio de técnica

156. Coral

Johann Sebastian Bach

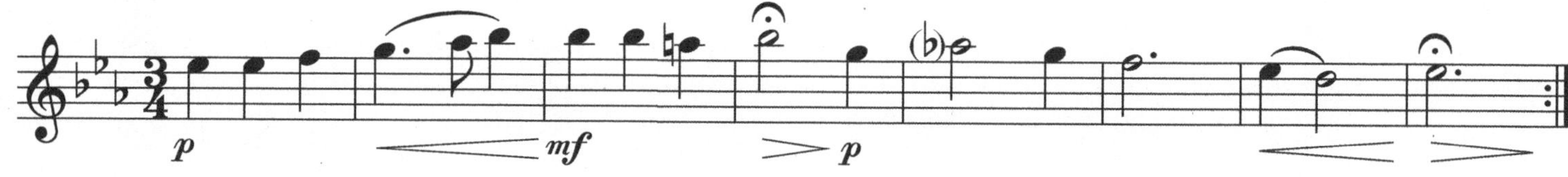

HISTORIA

La melodía tradicional hebrea "Hatikvah" ha sido el himno nacional de Israel desde el inicio de la nación. En la declaración de estado de 1948, fue cantada por la asamblea reunida durante la ceremonia de apertura y fue interpretada por miembros de la Orquesta Sinfónica de Palestina al concluir.

157. Hatikvah

Himno nacional israelí

Nota corchea y silencio de corchea

♪ = 1/2 pulso de sonido

𝄾 = 1/2 pulso de silencio

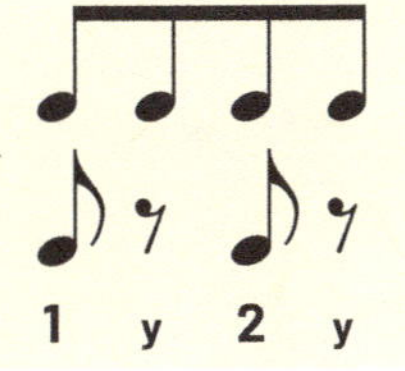

1 y 2 y

158. Rap de ritmo

159. Marcha de corcheas

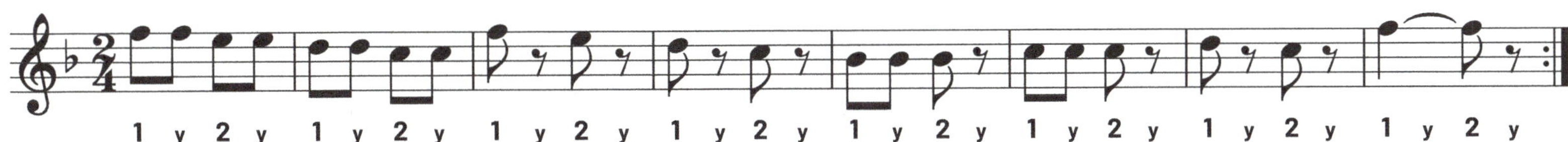

160. Minuet

Johann Sebastian Bach

161. Rap de ritmo

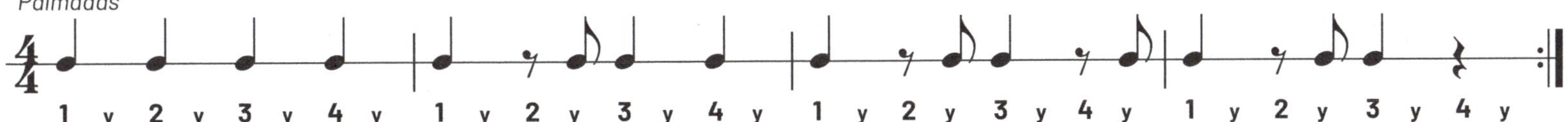

162. Corcheas después del pulso

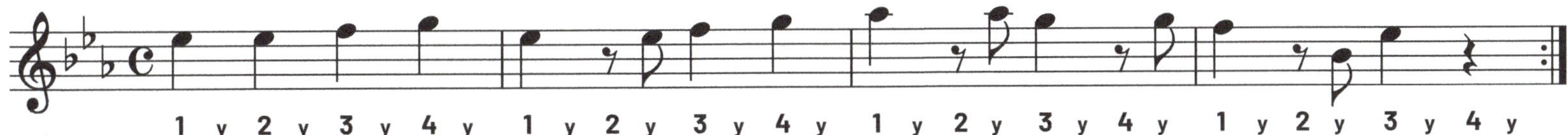

163. Corcheas revueltas

164. Essential Elements: prueba

165. Melodía de baile – nota nueva

HISTORIA

El compositor y director de orquesta estadounidense **John Phillip Sousa** (1854-1892) escribió 136 marchas. Conocido como "El rey de la marcha". Sousa escribió *The Stars and Stripes Forever, Semper Fidelis, The Washington Post* y muchas otras obras patrióticas. La banda de Sousa tocó en todo el país, y su fama ayudó aumentar la popularidad de las bandas en Estados Unidos. Aquí hay una melodía de su famosa opereta y marcha *El capitán*:

166. El capitán

John Philip Sousa

HISTORIA

O Canadá, anteriormente conocido como "la canción nacional", se representó por primera vez en el año 1880 en el Canadá Francés. Robert Stanley Weir tradujo la versión ingles en el año 1908, pero la canción no fue adoptada como el himno nacional de Canadá hasta el año 1980, cien años después de su estreno.

167. O Canadá

Calixa Lavallee,
Hon. Juez Routhier y Juez R.S. Weir

168. Essential Elements: Prueba – Meter mania

Contar y palmadas antes de tocar. ¿Puedes dirigir esto?

Enarmónicos

Dos notas que están escritas de manera diferente, pero suenan igual (y tocadas con la misma digitación) se llaman **enarmónicas**. La tabla de digitación de las páginas 46 y 47 muestra las digitaciones de las notas enarmónicas de tu instrumento.

En el teclado de un piano, cada tecla negra es a la vez un bemol y un sostenido.

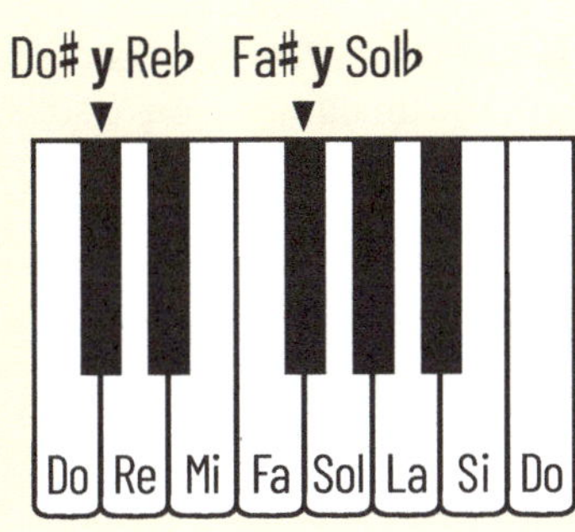

TEORÍA

169. Encantador de serpientes

Las notas enarmónicas usan la misma digitación

170. Sombras oscuras

171. Encuentros cercanos

Las notas enarmónicas usan la misma digitación.

172. March slav

Peter Ilyich Tchaikovsky

173. Notas disfrazadas

Notas cromáticas

Las **notas cromáticas** se alteran con sostenidos, bemoles y signos naturales que no están en la armadura. La distancia más pequeña entre dos notas es un semitono, y una escala formada por semitonos consecutivos se denomina **escala cromática**.

TEORÍA

174. Paseando en medio-pasos

HISTORIA

El compositor francés **Camille Saint-Saëns** (1835-1921) escribió música para prácticamente todos los medios: óperas, suites, sinfonías y obras de cámara. La "Danza egipcia" es uno de los temas principales de su famosa ópera Sansón y Dalila. La ópera fue escrita el mismo año en que Thomas Edison inventó el fonógrafo, 1877.

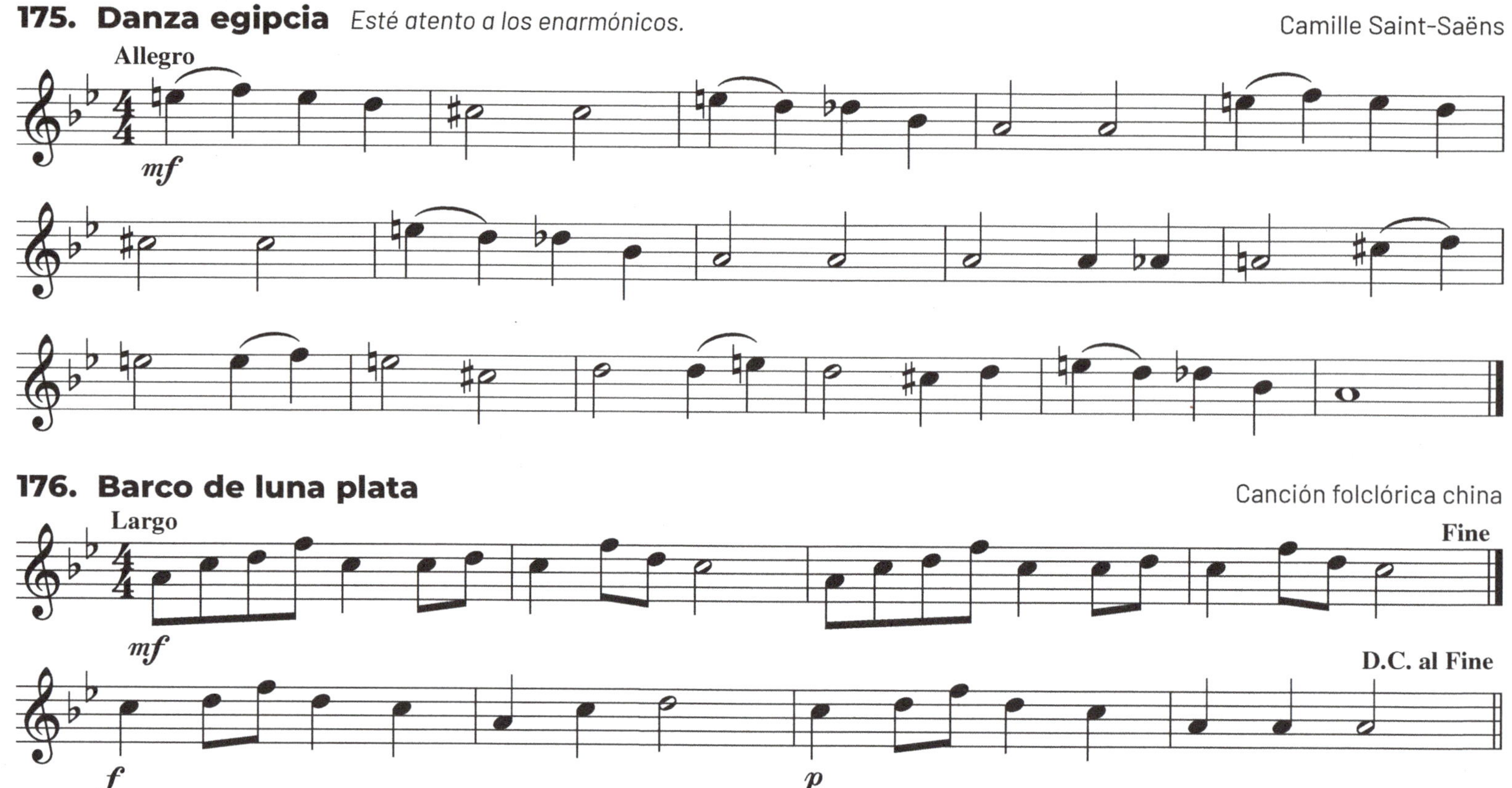

175. Danza egipcia *Esté atento a los enarmónicos.*

Camille Saint-Saëns

Allegro
mf

176. Barco de luna plata

Canción folclórica china

Largo
mf
Fine
f
p
D.C. al Fine

HISTORIA

El compositor alemán **Ludwig van Beethoven** (1770-1827) es considerado uno de los más grandes compositores del mundo, a pesar de quedar completamente sordo en 1802. Aunque no podía escuchar su música de la manera en que nosotros podemos, podía "escucharla" en su mente. Como testimonio de su grandeza, su Sinfonía n.º 9 (p. 13) se interpretó como final de la ceremonia que celebró la reunificación de Alemania en 1990. Este es el tema de su Sinfonía n.º 7, segundo movimiento.

177. Tema de la Sinfonía n.° 7 – dúo

Ludwig van Beethoven

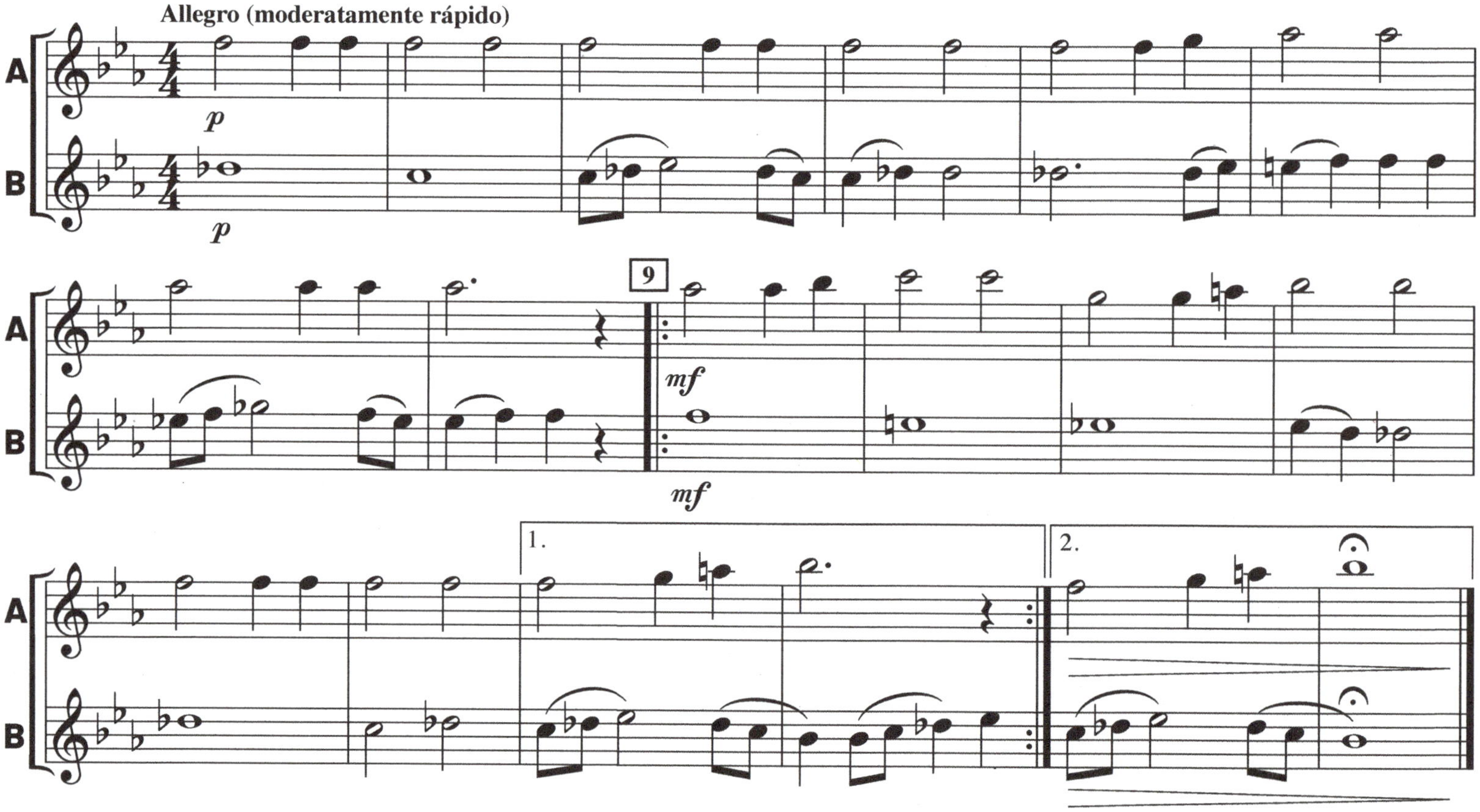

Allegro (moderatamente rápido)
A
B
p
p
9
mf
mf
1.
2.

El compositor ruso **Peter Ilyich Tchaikovsky** (1840-1893) escribió seis sinfonías y cientos de otras obras, entre ellas el ballet El Cascanueces. Fue un maestro en la composición de brillantes arreglos de música folclórica, y sus melodías originales se encuentran entre las más populares de todos los tiempos. Su Obertura de 1812 y Capriccio Italien fueron escritas en 1880, un año después de que Thomas Edison desarrollara la bombilla eléctrica.

HISTORIA

Canciones adicionales están disponibles en línea. Consulte la portada interior para obtener más detalles.

RENDIMIENTO DESTACADO

182. America la bella – arreglo de banda

Samuel A. Ward
Arr. por John Higgins

183. La cucaracha – arreglo de banda

Canción folclórica latinoamericana
Arr. por John Higgins

RENDIMIENTO DESTACADO

184. Tema de la Obertura de 1812 – arreglo de banda

Peter Ilyich Tchaikovsky
Arr. por John Higgins

Allegro

f p f p 10 mf 18 f 26 34 42

RENDIMIENTO DESTACADO

Solo con acompañamiento de Piano

Actuar para el público es una parte emocionante de participar en la música. Este solo está basado en la Serenata solo con piano en Sol Mayor, K. 525, también conocida como "Eine Kleine Nachtmusik" ("Un poco de música nocturna"). **Wolfgang Amadeus Mozart** escribió esta pieza en 1787, el mismo año en que se promulgó la constitución estadounidense. Usted y un pianista acompañante pueden tocar esto para la banda o en otros eventos escolares y comunitarios.

185. Eine kleine nachtmusik – arreglo de banda *(version de Mi-bemol)*

Wolfgang Amadeus Mozart
Arr. por John Higgins

DÚOS

Esta es una oportunidad para reunirse con un amigo y disfrutar tocando música. El otro estudiante no tiene que tocar el mismo instrumento que tú. Intenta que coincidan exactamente con respeto al ritmo, las notas y la calidad del tono. Eventualmente, puede comenzar a sonar como si las dos partes están siendo interpretadas por una sola persona! Más tarde, intente intercambiar las partes.

186. Baja suave, dulce carroza – Dúo

Canción espiritual Afroamericano

ESTUDIOS DE ESCALA Y ARPEGIOS DE RUBANK

Clave de Si bemol *En esta armadura, tocar todos Si♭ y Mi♭*

ESTUDIOS DE ESCALA Y ARPEGIOS DE RUBANK

Clave de Fa *En esta armadura, tocar todos Si♭*

ESTUDIOS DE RITMO

ESTUDIOS DE RITMO

CREANDO MÚSICA

TEORÍA

Composición

Composición es el arte de crear música original. Usualmente empieza creando una melodía que consiste de varias **frases**, como breves oraciones musicales. Algunas melodías tienen frases que parecen responderle a las frases que parecen presentar una pregunta, como en las obra de Beethoven *"Ode To Joy"*. Toca esta melodía y escucha como las frases 2 y 4 dan respuestas un poco variadas a la misma pregunta (frase 1 y 3).

1. Oda a la alegría

Ludwig van Beethoven

2. P. y R. *Escribe tu propia frase de "respuesta" en esta melodía*

3. Desarolladores de frases *Escribe 4 frases diferentes usando los ritmos debajo de cada pentagrama.*

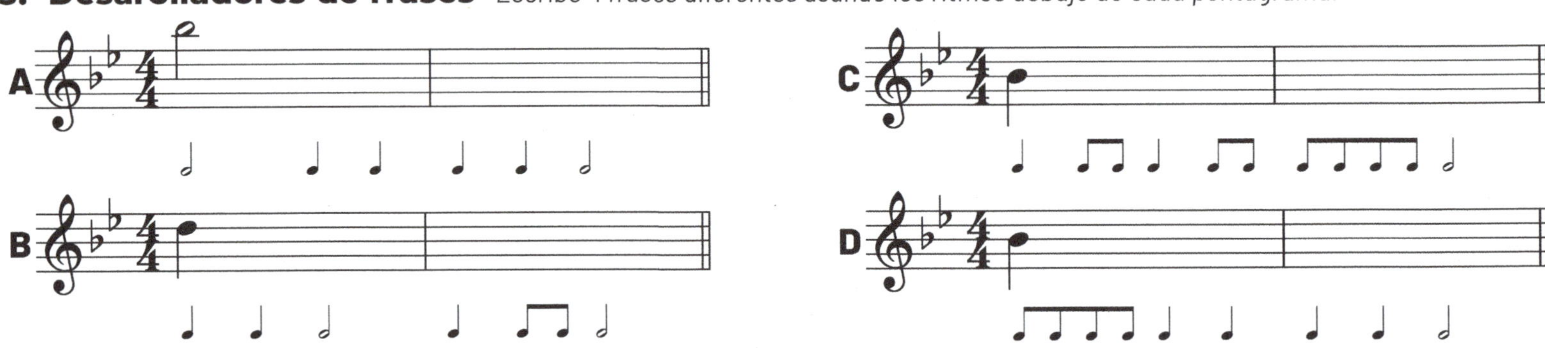

4. Créa su proprio título: ______

Escoge la frase A, B, C o D de arriba y escríbela como la "Pregunta" para las frases 1 y 3 debajo.
Luego escribe 2 respuestas diferentes para las frases 2 y 4.

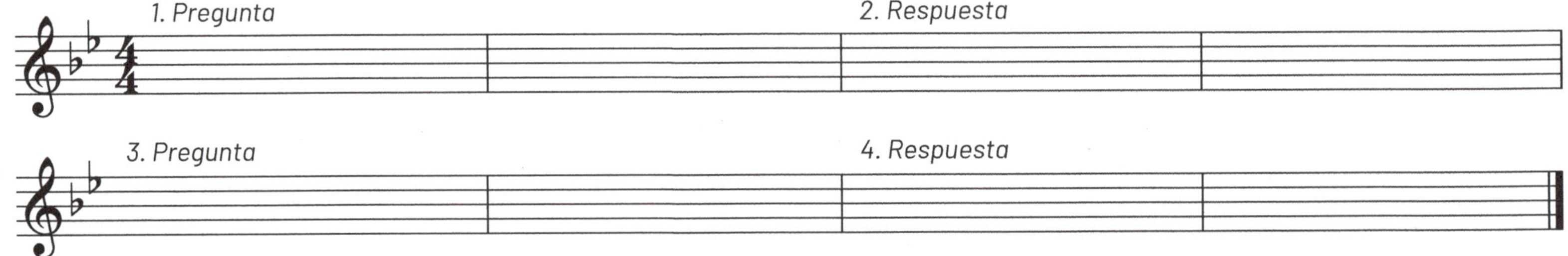

Improvisación

La improvisación es el arte de crear libremente tu propia melodía mientras tocas. Usa estas notas para tocar tu propia melodía (Línea A), para tocar con el acompañamiento (Línea B).

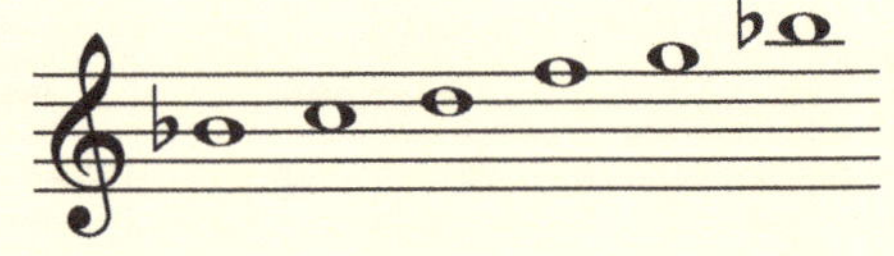

5. Melodía instante

Puedes marcar tu progreso a través del libro en esta página.
Rellena las estrellas según las instrucciones del director de la banda.

1. Página, 2-3 Los básicos
2. Página 5, EE prueba, n.º 13
3. Página 6, EE prueba, n.º 19
4. Página 7, EE prueba, n.º 26
5. Página 8, EE prueba, n.º 32
6. Página 10, EE prueba, n.º 45
7. Página 12-13, rendimiento destacado
8. Página 14, EE prueba, n.º 65
9. Página 15, creatividad esencial, n.º 72
10. Página 17, EE prueba, n.º 84
11. Página 17, creatividad esencial, n.º 85
12. Página 19, EE prueba, n.º 98
13. Página 20, creatividad esencial, n.º 104
14. Página 21, n.º 109
15. Página 22, EE prueba, n.º 117
16. Página 23, rendimiento destacado
17. Página 24, EE prueba, n.º 125
18. Página 26, creatividad esencial
19, Página 28, n.º 149
20. Página 28, EE prueba, n.º 151
21. Página 29, rendimiento destacado
22. Página 31, EE prueba, n.º 164
23. Página 32, EE prueba, n.º 168
24. Página 33, n.º 174
25. Página 35, EE prueba, n.º 181
26. Página 36, rendimiento destacado
27. Página 37, rendimiento destacado
28. Página 38, rendimiento destacado

Música – un elemento esencial de la vida

TABLA DE DIGITACIONES

FLAUTA

○ = Tecla abierta

● = Tecla cerrada

La digitation más común aparece primero cuando dos digitaciones se ofrecen.

Recordatorias Para el Cuidado del Instrumento

Antes de guardar tu instrumento después de tocar:

- Remueve la embocadura.
- Pon un paño suave y limpio al final de la varilla de limpieza para limpiar el instrumento por dentro.
- Separa cada sección del instrumento y pasa el paño a través de cada sección.
- Limpia, cuidadosamente, la superficie por afuera para proteger el acabado.

Instrumentos y fotografías cortesía de Yamaha.

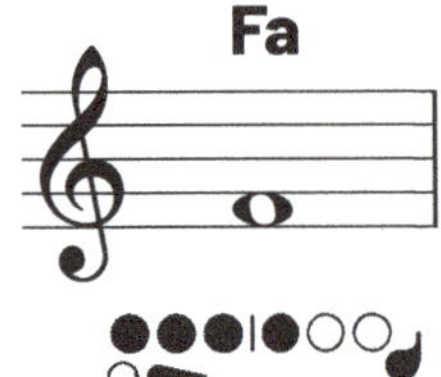

TABLA DE DIGITACIONES FLAUTA

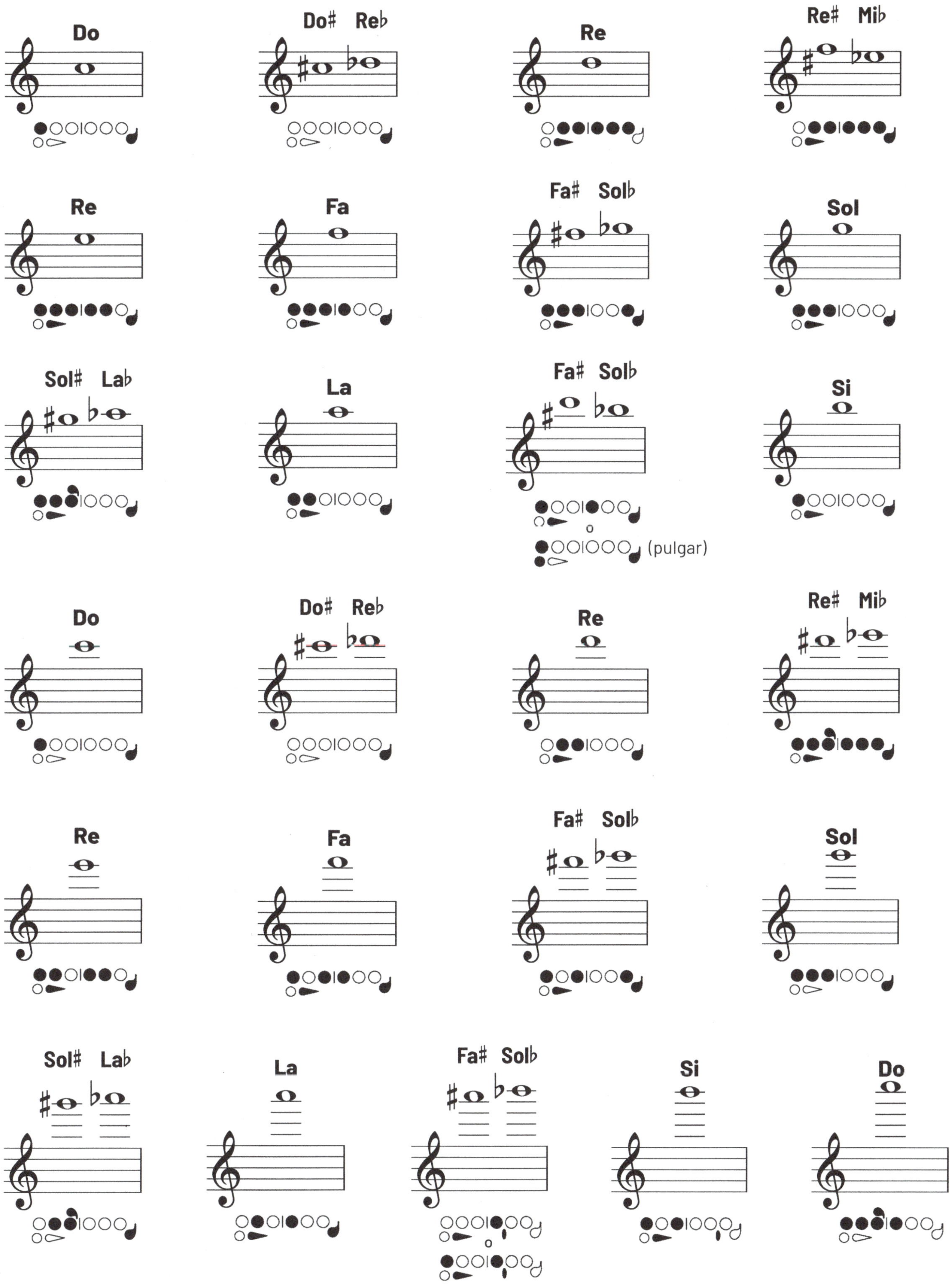

Do
Do♯ Re♭
Re
Re♯ Mi♭
Re
Fa
Fa♯ Sol♭
Sol
Sol♯ La♭
La
Fa♯ Sol♭
Si
o
(pulgar)
Do
Do♯ Re♭
Re
Re♯ Mi♭
Re
Fa
Fa♯ Sol♭
Sol
Sol♯ La♭
La
Fa♯ Sol♭
Si
Do
o

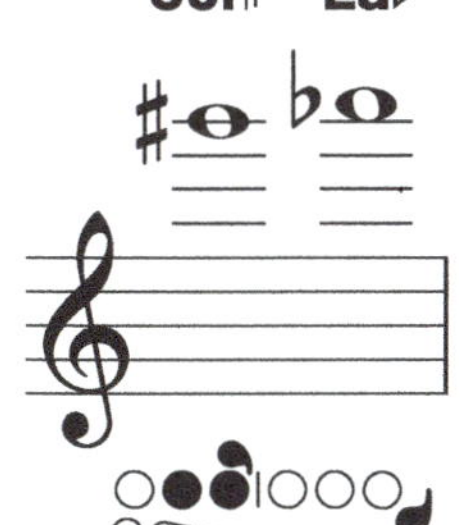

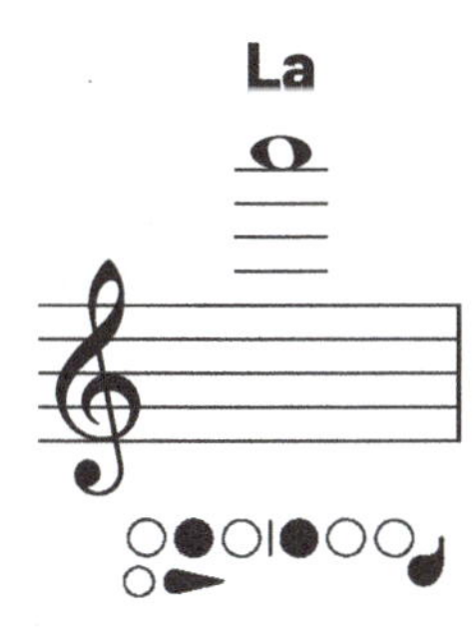

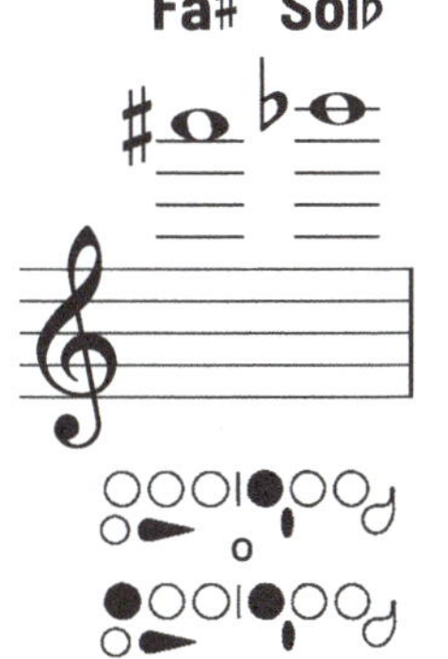

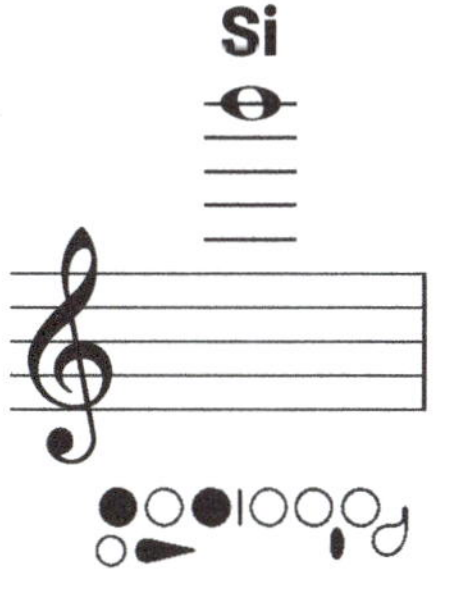

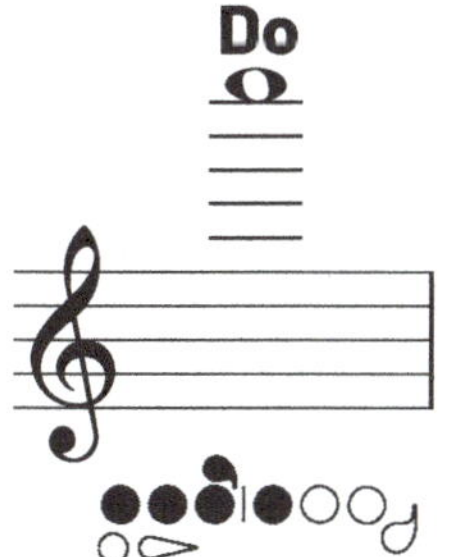

Índice de referencia

Definiciones (páginas)

Compositores

Música del mundo